麦肯锡工作法

麦肯锡精英的39个工作习惯

[日]大岛祥誉 著 朱悦玮 译

北京时代华文书局

图书在版编目（CIP）数据

麦肯锡工作法：麦肯锡精英的 39 个工作习惯 / (日) 大岛祥誉著；朱悦玮译. —北京：北京时代华文书局，2015.04（2022.11 重印）
ISBN 978-7-5699-0252-5

Ⅰ. ①麦… Ⅱ. ①大… ②朱… Ⅲ. ①企业管理－职工培训－经验－美国 Ⅳ. ① F279.712.3

中国版本图书馆 CIP 数据核字 (2015) 第 086220 号

北京市版权局著作权合同登记号　图字：01-2015-1774

麦肯锡工作法：麦肯锡精英的 39 个工作习惯

MAIKENXI GONGZUOFA MAIKENXI JINGYING DE 39 GE GONGZUO XIGUAN

著　　者 | [日] 大岛祥誉
译　　者 | 朱悦玮

出 版 人 | 陈　涛
选题策划 | 胡俊生
责任编辑 | 樊艳清
装帧设计 | 程　慧　赵芝英
责任印制 | 刘　银

出版发行 | 时代出版传媒股份有限公司 http://www.press-mart.com
北京时代华文书局 http://www.bjsdsj.com.cn
北京市东城区安定门外大街 138 号皇城国际大厦 A 座 8 层
邮编：100011　电话：010 - 64263661　64261528
印　　刷 | 北京毅峰迅捷印刷有限公司　010 - 89581657
（如发现印装质量问题，请与印刷厂联系调换）
开　　本 | 880×1230mm　1/32
印　　张 | 6
字　　数 | 130 千字
版　　次 | 2015 年 6 月第 1 版　2022 年 11 月第 46 次印刷
书　　号 | ISBN 978-7-5699-0252-5
定　　价 | 32. 00 元

“解决问题的基本在于保持疑问。怀疑这个结论是不是最佳的结论。这样一来就能够找到解决问题的线索。”

——大前研一（经营顾问/原麦肯锡日本支社长）

目录 CONTENT

第2章 将要点分为“三部分”

“精英部下”的习惯

第3章 将“任务”可视化

“善于安排工作过程”的习惯

第4章 将自己的主张放在疑问里

抓住"顾客心理"的习惯

第5章 认可！共鸣！激励！

"精英上司"的习惯

第6章 控制感情

提高“工作热情”的习惯

序　言

直线，是连接两点的最短距离。但是，这并不意味着任何时候都应该直线前行。

河流当遇到阻碍时就会改变前进的方向。尽管从空中看去，河流的形状蜿蜒曲折，但这却是将河水从上游运到河口的最短距离。

登山时也是如此。从山麓到山顶的过程不可能是一条直线，而是要根据斜坡的角度、岩石的形状以及天气等诸多因素，来选择一条迂回前行的道路。这才是最有效率的登山方法。

我们的工作也一样。就好像是以某处为起点，到另一个地方为终点的旅程，连接这两点的就是工作。

绝大多数的工作，都是为了解决“某种问题”。

- 商品的销量上不去→提高商品的销量
- 业绩不好→提高业绩

· 遭到顾客的投诉→应对投诉，改善服务以减少投诉

· 公司经营不善→改善经营状况

· 部下的工作负担过重→减轻负担

也就是说，“某种问题”是起点，“解决问题”是终点。

在保证品质和效率的前提下，将这两点以最短的距离连接起来，这就是专家们的工作。

实现“品质×效率”的39个习惯

我曾经在被称为世界上最顶尖的经营咨询公司——麦肯锡公司工作。在那里，有很多能够将两点完美结合在一起的专家。

他们有时采取正攻法，有时采取谁都意想不到的方法来解决客户的问题。

为了连接两点，需要一个严密的过程。

首先，是确认需要解决的问题。

接着为了解决这个问题提出一个假设。

假设提出完成后，研究具体的行动。

在采取行动时需要与上司交流并且得到确认。

如果发现假设不成立，那么就需要重新提出假设。

新的假设提出完成后，研究具体的行动……

在这个过程中，蕴含着许多麦肯锡优秀的经营顾问非常重要的“习惯”。

在确认需要解决的问题时，采用的是“从零开始”的方法，目的在于分析“这个问题是不是真正的问题，问题是否存在于别处”。

而在提出假设的时候，不仅要掌握全部的资料，更重要的是一定要去“现场”调查，在对问题点进行整理的时候使用“逻辑树”。

在占用上司时间的时候，用“只占用您1分钟时间可以吗”作为开头，然后“用30秒的时间列举出3个要点”进行说明。

就是这些简单的习惯，构成了一条连接两点的最短路程。

如果想让自己的工作更上一层楼，首先要改变自己的行动，然后将这种改变作为自己的习惯。麦肯锡的精英们，早已将从零开始和假设思考法变成了和洗脸、刷牙一样的日常习惯。

本书以实现“品质×效率”为主题，为大家介绍麦肯锡最重要的“39个习惯”。为了将两点完美地连接起来，希望大家尝试一下。

大岛祥誉

第1章

重视“成果”

“解决问题”的习惯

“解决问题的基本在于保持疑问。怀疑这个结论是不是最佳的结论。这样一来就能够找到解决问题的线索。”

——大前研一（经营顾问/原麦肯锡日本支社长）

问题究竟是“什么”？

麦肯锡的经营顾问，都是“解决问题的专家”。

实际上我们绝大多数的工作都是为了“解决问题”，因为如果做不到这一点，那么就无法取得任何进步。现在你所从事的工作，一定也是在寻找某种“方法”，为了去解决某种“问题”。

交给你这项工作的上司、在你身旁从事类似工作的同事、给你们提供订单的客户，都在为了解决问题而工作。

在麦肯锡，通常用以下的流程来解决问题。

1. 掌握真正的问题。

2. 对问题进行整理。

3. 收集情报。

4. 提出假设。

5. 验证假设。

6. 思考解决办法。

7. 实行解决办法。

经过上述七个步骤，我们就能找出答案。麦肯锡的经营顾问深知这一流程的重要性，所以他们才拥有极高的解决问题的能力，并且能够保证工作的品质与效率。

在这个解决问题的流程中，有两点特别重要：

1. 准确把握发生的问题，并且对其进行分析。

2. 尽可能快速地解决问题。

首先我们要注意的是第一点：必须准确地把握发生的问题。

如果连发生的问题都搞错，那么不管提出怎样的解决方法都是毫无意义的。最终不但无法解决任何问题，更不会取得什么成果，等回过神来发现只是浪费了大量的时间。所以，我们首先应该准确地找到问题。

为了实现这一目标，麦肯锡的经营顾问所采用的思考方法被称为“从零开始”。具体来说这是一种怎样的方法——请看下一页。

习惯1. 保持“从零开始”

麦肯锡解决问题流程的第一步，就是“从零开始”。

当我们遇到问题的时候，要保持从零开始的思考，回到原点。

“本公司的××事业连续两年出现赤字，找不到挽回的方法。问题究竟出在哪里？怎么解决才好？请帮帮我们吧。”

麦肯锡的经营顾问，经常会从客户那里收到这样的请求。

如果按照一般的问题解决流程，首先要找出这项事业的问题，对其进行分析和了解，然后思考解决的方法。

但是，“思考如何将××事业变成黑字”的方法，并不是最好的解决方法。

为什么？因为这种方法并不是“从零开始”。这只是根据顾客提出的问题给出相应的意见，并不是从“原点”出发的观点。

“从零开始”的思考方法，要考虑什么才是真正的问题，这项事业今后还有没有继续的必要？从这样的角度来进行思考。

比如说，不管这项事业是多么著名的品牌，在历史和传承上有过怎样的辉煌，但今后如果没有什么发展的话，彻底放弃或许才是最好的选择。

那么真正的问题就不是解决这项事业的赤字，而是在放弃了这项事业之后，如何提高剩余事业的利润。

传单真的是必不可少的吗？

像这样“从零开始”的思考方法，还可以应用于我们平时的生活中。

比如有朋友找你商量烦心事。

“最近，我和男朋友相处得不好，应该怎么办呢？”

在这种情况下，你可以从“应该怎么办”的视点出发，做出“多倾听他的话，多沟通一下比较好”这样的回答。

但是，如果她的男朋友本身就是一个人品有问题的家伙，“分手比较好”这样的提议才是最重要的。就算你的朋友完全没有分手的意思，但你的提议或许会给她提供一个改变思考角度的机会。

商业中也是一样。

假设在发了传单之后，仍然没有顾客来。

这时候应该继续发更多的传单吗？

还是应该做更大规模的宣传？

或者改变传单的设计样式？

这些思考都是不全面的。

我们应该考虑的是，在报纸上刊登广告效果是否比发传单更好？甚至开店的位置本身是否就存在问题？

当接到上司或客户交代的工作时，多考虑一下问题究竟是什么，保持从原点出发的思考方法是最重要的。因为如果搞错了真正的问题，那么一切努力都将是徒劳的。

让“从零开始”成为自己的习惯，这样你才能抓住真正的问题点，从而找出解决问题的线索。这样一来，你就会少走很多弯路，从而更有效率地解决问题。

·总结·

做好工作的第一步，把握问题究竟是“什么”。

用从零开始的思考方法接近问题的本质。

习惯2．用“鹰眼”进行分析找出最佳的解决方法

那么，怎样才能让“从零开始”的思考方法成为自己的习惯呢?

首先我们必须习惯的是“俯瞰视点”。

也就是拥有从上方观察一切的“鹰眼”。有点类似于“Zoom out”的感觉。

或许你认为这很简单。但实际上要做到是非常难的。

我们在潜意识中，都被“自我视点”或者“自我评价基准”所束缚。也就是说我们都被约束在自己创建的条条框框之中。

“我休息日的早上完全起不来……结果，星期天的晚上就会睡不着，导致周一睡过头，上班迟到。有没有让我顺利起床的方法?”

当有人向你提出这样的问题时，你心中的第一反应是什么呢?

（啊，我明白！休息日的时候心情放松，很容易就睡个回笼觉了呢！）

（什么啊？我休息日的时候也和平时一样的时间起床。）

（这个白痴。休息日的时候也定个闹钟不就行了吗！）

实际上，这些反应都是错误的。因为这些都是“自我视点”。

都是你对“休息日睡多了导致周一早晨睡过头”的朋友，通过你个人的视点所做出的评价。

如果不站在对方的立场上进行思考，你就无法摆脱自己的思考方法、经验，以及常识基准的影响，无法拥有公正的视点，也就无法发现真正的问题。

那么，怎样的反应才是“俯瞰视点”呢？

如何使自己拥有“俯瞰视点”

还是刚才那个例子，如果产生以下的反应，就算是拥有“鹰眼”的俯瞰视点。

为什么这个人休息日的时候起不来？是周五玩得太晚吗，还是她本来就不愿去上班？要不然是生病了身体不舒服？她这样总迟到，公司的同事怎么看？如果只有她一个人迟到，会不会使其他同事感到不公平，影响团队的士气？

这是包含了自己的视点、对方的视点、第三方视点的全方位视点。站在这种俯瞰视点的角度，才能够提出真正有建设性的问题。

“你周五都是怎么过的？”

“工作干得开心吗？”

“身体情况如何？”

“公司同事都怎么想？”

当你提出这些问题时，得到的回答是：

“其实，我和上司的关系不太好，工作上非常压抑……”

这就不仅仅是周一早晨睡过头的问题了，而是因为对上司的厌恶感，导致周一上班时身体产生了抗拒反应。也就是说，真正的问题并非“睡懒觉”而是“与上司之间的人际关系”。

如果你对她提出“休息日的时候也定个闹钟不就行了吗”这样的建议，解决不了任何问题，也无法消除她同事的不公平感。

要想解决这个问题，调动一下工作岗位或许是个好方法，也可以去找个心理专家咨询一下。

要想摆脱自我视点，有一个锻炼的方法。

那就是经常检查自己是否在用自我视点看问题，并且站在一个更高的角度来审视自己“为什么我现在会用自我视点看问题”。这样一来，你就会保持“Zoom out”的感觉，并且拥有更加广阔的视野。

对于“周一早晨迟到”的问题，如果轻易地做出“真是白痴”的判断，那么就应该将自我视角先放在一边，思考“为什么我刚才认为她是个白痴”。

不断进行这样的锻炼，你就会摆脱自我视点，不再轻易地对别人提出的问题做出判断，并且使俯瞰视点成为自己的习惯。

为什么她不选择飞机，而是选择新干线？

我在麦肯锡工作时，有一个非常优秀的秘书同事。她的上司（相当于日本企业的负责人）非常繁忙，每天都奔走于全国各地，而行动时的安排都由这个秘书负责。

有一次，她的上司要去广岛出差。一般情况下，为了尽快抵达目的地，秘书都会选择“飞机”作为交通工具，但是她却安排了时间更长的“新干线”。

这是为什么呢？

因为她非常了解自己的上司。

她的上司需要写很多东西，但每天太繁忙以至于拿不出完整的时间来进行写作。

于是她在和上司沟通后，为了给上司提供写作的时间而选择了新干线。因为在新干线里面可以不受干扰地进行写作。

这样一来不但她的上司有时间写作，对整个公司的发展也是有益的。

她并没有站在“出差→选择飞机尽快抵达目的地”的自我视点，而是站在更高一层的俯瞰视点上，所以更好地完成了自己的工作。

· 总结 ·

停止条件反射般地用“自我视点”进行判断。
用鹰眼来进行观察，选择对自己、对方以及公司都有好处的方法。

习惯3．学会“批判思考”

与分析别人的问题相比，用“从零开始”的方法分析自己的问题更加困难。

正如前文所述，当别人提出“想要改善与恋人之间的关系”这个问题时，即便按照“自我视点”来进行分析，也可能提出“不如分手吧”这种非常干脆的建议。

可以说正因为站在旁观者的立场上，所以才能抓住问题的关键。

但是，当面对自己的问题时，我们还能够那么干脆地做出“分手”这种选择吗？

如果我们自己面对“我为什么和恋人的关系不好呢？我应该怎么办？”这个问题时，很难做出“对了，不如分手吧！”这样的选择。（但是看到朋友做出这样果断的选择时，心中往往会感慨她很了不起。）

因为面对自己的问题我们很难摆脱自我视点，所以无法深入地进行思考。在进行判断的时候往往犹豫再三，导致问题迟迟得不到解决。

进行自我批判

在商业中也经常出现类似的情况。无法深入思考，想法不够广阔。

这种情况下，麦肯锡的“逻辑思考法”将发挥重要的作用。

所谓逻辑思考，简单说就是针对当前面对的问题以及自己提出的假设，仔细地思考“原因是什么，结果将会如何”。

为什么客户的事业发展不顺？

因为销售额无法提高。

为什么销售额无法提高？

因为海外竞争企业的价格更低。

为什么海外竞争企业的价格更低？

因为我们的成本太高。

为什么成本太高？

因为原料价格高。

为什么……

为什么自己和恋人总是吵架？

因为互不相让。

为什么互不相让？

因为双方都认为自己的想法是正确的。

为什么双方都认为自己的想法是正确的？

因为相互之间缺乏了解。

为什么相互之间缺乏了解？

因为各自的工作都太忙，在一起相处的时间不多。

为什么……

将整体事件中的每一个小事件都逐一地分解出来。

思考所有的原因和结果

在这一过程中为了使思考更加深入，就必须采取批判的思考方法。

为什么？

真的吗？

真正的问题是什么？

有没有更好的解决办法？

通过这种批判的思考方法和不断地对自我提问，可以使你一步一步地逼近问题的本质。

前文中所举的例子，只是一条线的简单分析。而我们实际上遇到的问题，可能会出现许多原因与结果的分歧。

“销售额无法提高”的原因，真的是与海外竞争企业的价格差吗？

会不会是自己公司的商品缺乏魅力呢？

还是说这件商品本身的市场需求越来越少了？

“相互之间缺乏了解”的原因，真的是在一起相处的时间不多吗？

时间只要肯挤总是会有的。其实是两个人相互之间都不尊重对方，只是形式上在交往而已吧？

通过对自己提出这些批判性的问题，可以使思考更加深入，提高视点（成为俯瞰视点），看问题更加全面。批判的思考可以看清问题的本质。

如果能够养成批判思考的习惯，那么就可以自然而然地进行“从零开始”的思考，明确地判断出哪些事情应该做，哪些事情没必要做。

这样就可以实现工作的效率化和高速化。

· 总结 ·

不断地问自己“为什么”。
进行批判思考，分析原因与结果。

习惯4．在“下雨”之前，准备“伞”

在寻找解决问题的方法时，麦肯锡有一个非常贴切的比喻。

那就是被称为“空、雨、伞”的思考方法（frame work）。

当我们准备出门时看一看天空，好像就要下雨的样子。所以我们会选择带伞出门，这样就算一会儿真的下起雨来，也不至于被淋湿。

当我们将这一过程分为空、雨、伞进行思考后，就会发现如下的关系性。

空	雨	伞
事实 现在的状况	解释 具体的意义	行动 实际的解决办法
天空中都是乌云	随时可能下雨	被淋湿就麻烦了
↓	↓	↓
随时可能下雨	被淋湿就麻烦了	带伞出门

空、雨、伞的关系性

“空”表示的是“如今处于怎样的状况”这一“事实”。如果“天空中全都是乌云，那么很快就会下雨”。

“雨”表示的是“如今的状况表示怎样的含义”这一“解释”。也就是说，根据事实会得出何种结论。随时可能下雨的状况，得出如果被淋湿会影响心情的解释。

“伞”表示的是在了解事实与解释之后所应该实际采取的行动，也就是“解决办法”。只要带伞出门就不会被雨淋湿。

也就是说，只要掌握“空、雨、伞”思考方法的人，就不会被雨淋湿。

事实、解释，以及解决办法，这三点必须环环相扣。

问题必须得到解决。不管收集到多少情报和数据（事实），如果无法对其进行解释并且找到解决办法，那么这项工作就是毫无意义的，而且也永远无法结束。

第二次约会就遇上堵车

使用“空、雨、伞”的思考方法时最重要的一点在于整体的节奏。

在下雨之前做出可能会下雨的判断，并且带伞出门，才能够避免被淋湿。但如果没能及时找出“应该带伞出门”的解决办法，等到下雨后才想起来找伞，那要么被淋湿，要么就得找个地方避雨。

天气不会因为我们的个人意志发生改变。所以在做出选择时必须快。

如果没能在下雨前做出带伞出门的决定，那就只能找个地方避雨，结果白白浪费时间。

“空、雨、伞”是一个非常简单的例子。几乎所有人都知道下雨时应该带伞。所以，我们会抬头看天，或者听天气预报来确认当前的状况，如果有必要的话就带伞出门。有的人会一直随身携带一把折叠伞以防万一。

但是，实际生活中的情况却比这要复杂得多。

假设你和一位或许会成为恋人的女性进行第二次约会。这是决定你们两人今后关系的非常重要的一天。

虽然你们的第一次约会聊得很开心，比较成功。但是，如果今天不顺利的话，恐怕很难有进一步的发展。

本来你打算开车带她去郊外玩，结果当天高速公路因为发生了事故而堵得水泄不通。车子停在路上纹丝不动。接下来的行动计划都不得不做出改变，对方的心情也越来越差。

在这种情况下，如果是一个真正“会工作的人”，那么他肯定会针对高速公路出行这一事实，提前做好应对一切风险的准备。因为高速公路的交通情况，是完全不以你的个人意志发生改变的。

你应该对第一次约会时收集到的大量“数据”进行分析，提前准备解决办法。

为了应对堵车的风险，你可以提前准备对方喜欢的音乐，或者在手机和平板电脑里拷贝一些双方都感兴趣的、可以打发时间的内容。

别忘了根据上一次约会时悄悄打听到的情报，在车里藏一个对方喜欢的小礼物。

如果因为堵车而不得不取消约会计划之后才想起“应该在车里准备一些她喜欢的音乐”则为时已晚。

这就是在已经下起雨来的时候，还为了买伞而四处奔走的悲惨局面。

在工作上也是一样。我们周围的环境都不受我们意志的控制而不断地发生着改变，就好像高速公路上的交通情况一样。

如果我们在收集大量信息，并且对其进行分析后，不能够及时地找出切实有效的解决办法，那么这些时间就都将白白浪费，而工作却一事无成。

解决问题是“灵活”的。

首先要把握这个问题需要在什么时间点之前解决，然后利用逆推法收集数据并且进行分析，最终找出解决办法，这才是最重要的。

·总结·

事实、解释、解决方法，这三点都要在有限的时间内及时完成。
事前准备是解决问题的重要条件。

习惯5. 去“现场”

绝大多数的工作，都是从最基础的情报收集“research”开始的。这其中最重要的是收集的质量。如果质量高则工作效率会迅速提升，品质也同样会得到提高。接下来我将为大家介绍麦肯锡的情报收集三部曲，掌握了这个方法你也可以成为情报收集的专家。

第一步是明确“情报收集的目的”

当麦肯锡要为A公司提供建议时，首先会以找出“对A公司来说最重要的课题是什么”为目的进行收集。因为只有了解了这一点，才能够提出真正有建设性的建议。而盲目地进行情报收集，只是在浪费时间罢了。当情报收集的目的明确之后，收集的目标才会清晰地显现出来。

第二步是“海量”调查

目的明确之后，就要开始“海量”调查。业界的市场发生了什么变化？A公司的强项和弱项是什么？竞争企业都有什么商品？这些信息都需要收集。

首先买上几十本与这些内容相关的书，只读目录和最开头的20页，然后只保留那些内容有用的书。

资料也要海量收集，但只保留有用的资料。

利用互联网收集情报也是如此。不要只看搜索排行靠前的网站，尽量浏览更多的网站。

检索时需要注意，进行检索的关键词一定要恰当。特别是使用“多个关键词”的组合进行检索时，更容易找到相关的内容。

比如说想要调查企业人事战略的动向时，利用“人才动向”“人才趋势”“人事战略”“人事成功”之类的关键词进行组合，可以大幅提高检索的速度和检索信息的品质。

这里需要大家注意的一点是，绝对不要只依赖网络调查。

网络上的内容是大家都知道的公开情报，绝大多数都是二次情报。也就是说，这是经过别人加工的情报，其中混杂着加工者的主观意见。虽然网络能够很有效率地提供情报，但情报的内容却不够新鲜。

通过网络调查出的情报，并不是为了验证什么，或者是为了得出某种结论，只是“为了掌握应该调查哪些内容”而已。

利用网络调查数据时还需要注意的一点是：一定要找到最新的数据。

如果调查是按照一定的频度进行，那么一定要使用当时所能够获取的最新数据。放着新数据不用而特意使用旧数据，会使我们无法准确地把握现状，对工作产生影响。

过去的数据主要用来了解趋势和规律。如果我们能够掌握数据变化的周期，那么对于随后建立假设和验证也是大有帮助的。

之所以要在一开始就进行海量的调查，主要是为了防止自我视角。

因为收集资料的人是自己，所以肯定会处于自我视角之中。这时可以通过海量的调查资料，来发现那些自己没有注意到的内容，从而获取俯瞰视角。

第三步是去“现场”

通过书籍、资料和网络获取大量数据并进行分析后，就可以建立假设。为了验证假设，就必须毫不犹豫地前往现场一探究竟。没错，情报收集第三步的关键词就是“现场”。

麦肯锡在对官方的统计数据进行调查时，甚至会约见政府和地方自治体的负责人，请他们说明数据的收集方法和相关定义。

对竞争企业的调查，也可以用相同的方法。在不影响调查的范围内表明自己的身份（当然客户的情报是不能泄露的），对情报进行调查。

还有就是到现场收集第一手的情报。比如零售业和餐饮业，店铺的大小、位置、客户群体、价格、服务态度、店内装修、经营方法，等等，每一个都是值得收集的情报，如果得到对方允许还可以拍摄一些照片。

将盈利的店铺与亏损的店铺的商品配置、传单、POP等情况进行对比，可以一目了然地看出两者的区别。我身为零售业经营顾问团队一员的时候，会亲自前往客户的店铺和竞争对手的店铺，比较两家店铺分别是什么客户群体，他们会买什么样的东西。对此进行彻底的调查。

找出竞争对手之间的不同

去现场一定会给你带来意外的收获，使你了解到隐藏在统计和数据背后的真相。

以前，我接受某家餐饮企业的委托，从各个角度对他的竞争企业进行了分析。

但是，无论怎么分析，我都找不出客户企业与竞争企业之间的差别。于是我亲自到现场看了看。结果，这次现场之行令我有了惊人的发现。

卫生间非常干净

不仅打扫得干干净净，气味也非常清新，完全是一个令人感觉十分舒适、安心的空间。

随后的调查还发现，绝大多数三十多岁的女性来这家店的理由是“卫生间很干净”。如果不去现场，是绝对不会发现这一点的。

如果你多去几次现场，对方甚至会主动告诉你一些“有意思的情报”。不断地积累这些情报，总会对你的工作有所帮助。

我认为再也没有什么比去现场更有趣、更能吸引我的了。虽然乍看上去很麻烦，而且浪费时间，但去现场取得的结果一定能够派上用场。

·总结·

情报收集的第一步是明确“目的”。

第二步是“海量”调查。

第三步是去“现场”。

得情报者得天下。

习惯6．从假设开始

通过“从零开始”“俯瞰视点”“空·雨·伞”等思考方法掌握了问题的本质后，接下来需要做的就是分别思考“事象”与“要因”。也就是分出重要度的高低。

当我们实际解决问题时，事象与要因会逐渐展开变得越来越复杂，使我们难以把握整体的情况。而且，什么问题应该优先解决，什么问题应该暂且搁置，很难做出判断。

为了避免出现这种情况，麦肯锡会采用被称为“逻辑树”的思考方法，将问题进行分解和分类。

如下图所示，将问题从左向右树状细分。这样一来我们就能够掌握问题的整体情况，并且找出解决问题的核心课题。这被称为“假设”。

以图为例进行说明，假设“原材料购入价格过高”是导致“销售额无法提高”最有力的假设。那么，通过降低原材料的购

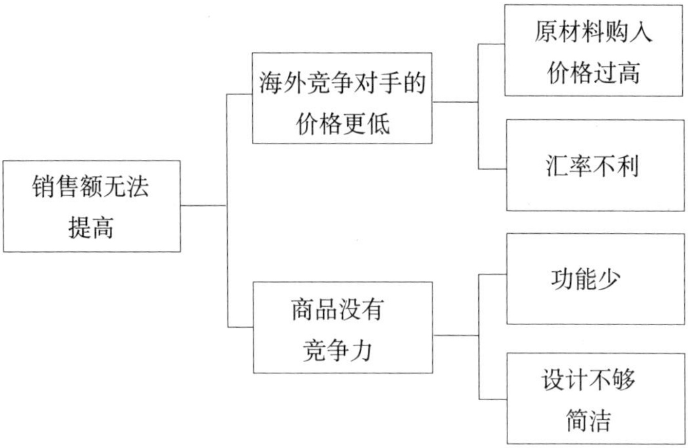

逻辑树的例子

入价格来控制商品的价格，就可以使问题得到改善。

但是，因为我们处于问题解决的过程之中，无法判断这一假设是否正确。要是一开始便什么都知道的话也不用这么麻烦了。

如果我们成功地降低了原材料的购入价格使商品价格也随之下降，但销售额仍然没有得到提高，那就说明真正的问题存在于别处。

这样一来，我们就需要建立新的假设。问题是不是出在“功能少”上面？然后调查消费者需要的功能，并且使之反映在商品上……就像这样逐步地展开工作。

工作有效率的人，必然是主动的

在麦肯锡，对于交给你的问题，必须自己思考解决办法。当然，迅速且准确地找出答案的人会得到更高的评价。

有一点必须说明，那就是在麦肯锡，上司或顾客不会对你说“请验证这个假设”。他们所提出的只会是“销售额无法提高”这个最大的问题。

但是，在实际的调查过程中，“销售额无法提高”或许并不是真正的问题。如果这一产品的市场本身就在缩小，那么继续这一事业本身才是问题所在。

像这样用“从零开始”的思考方法建立自己的逻辑树，才能够找出什么是最本质的假设。

只确认别人交代的事，工作是不会取得进展的。当然，或许别人会在某种程度上为你提供一些灵感和建议。特别是在你做助理的时候。

但如果你一直这样，将会永远停留在助理的层次上。

麦肯锡的上司们深知，要想使部下得到提高，就要让他们用自己的头脑来建立假设，并且亲自实行。

工作有效率的人，必然是主动的。虽然交代给他的工作只有作为大前提的问题，但只要他能够完成这份工作，自然而然地就会掌握找出真正问题的方法。

总是问“应该怎么做”“请告诉我接下来应该怎么做”，证明你没有能力自己建立假设。

自己建立假设和征求他人的意见，具有决定性的区别。在麦肯锡，如果上司交代你工作，那么你首先要提出自己的假设然后再与上司商量这个假设是否可行。

为了提高工作效率，使用逻辑树来建立假设进行思考，然后按照重要顺序依次解决问题，是非常重要的。

避免执迷不悟

另一方面，假设也有一个非常可怕的弊端。

建立假设全凭自己的直觉。所以，自己的意识很容易被自己建立的假设所迷惑，对其深信不疑。

特别是对于一知半解的领域，或者非常有自信的领域，这种情况就更加明显。

其结果会导致我们对假设验证的不够严格，被先入为主的观点所束缚而失去了俯瞰视点和公平性。也就是所谓的执迷不悟。

所以，在对假设进行验证时，公平性是最重要的。

“我想到了一个非常棒的假设。”

“这是我很擅长的领域。”

“这个工作我曾经做过，非常简单。”

当你这样想的时候，其实就已经陷入了泥潭。未经验证的假设，只是“脑海中的想法”。一旦在实行中发现错误，请立刻建立下一个假设进行验证。

· 总结 ·

使用逻辑树建立假设。
依次实行。

习惯7．重视“成果”

在日本的企业之中，越是工作效率低下的人，越容易抱怨“这个月工作了×小时”“今天又加班×小时”。

有时候，因为外界因素的限制，或者不凑巧的突发状况，确实会不可避免地延长我们的工作时间。

但是，在麦肯锡，就算你因此发出抱怨，也不会得到任何人的附和。

绝大多数情况下，别人都会这样说。

“是啊，真辛苦啊。那么，最后取得了什么成果？”

所谓成果，就是指你是否给客户提出了解决问题的方法，是否使客户感到满意。进一步细分的话，就是你作为项目组的一员，对整个项目组取得的成果做出了多少贡献。

不管你在办公室待多久，或者每天只睡3小时，其余时间都在工作，但只要你没能取得成果，就无法得到别人的好评。

相反，就算你每天只工作8小时，但取得了完美的成果，那么也没有任何的问题。

6点下班的合伙人

麦肯锡是只重视工作成果的公司，在这里有一个原则："长时间工作不是好事。"

提高工作技能，减少工作时间才是最好。

工作的成果不是以时间的长短来衡量的。

我们应该做的是最大限度提高工作所能够取得的成果。

这样一来，不仅能够提高工作的品质，还可以使工作效率得到提高。

曾经有一位外国合伙人，每天早晨8点之前就出现在办公室，一边吃早饭一边开会。当然他已经身居高位，所以不用再向什么人提交工作成果，只需要对自己负责。

不过，他每到晚上6点下班的时候就准时消失。不管遇到什么问题，最晚他也只加班到晚上八九点钟。这大概就是他使自己的工作成果最大化的方法。

有人临近中午才来上班，然后一直加班到深夜，也有人在办公室的时间比在家还长。

至于我则属于遇到自己喜欢的工作，就会专注于提高工作的品质，通过不断地工作来取得成果的类型。

但是，任何人都不可能因为自己工作的时间长来获得好评。

如果能够取得自己满意的成果，那么工作时间的长短都无所谓。对此进行管控的正是你自己。只要理解了这一点，那么你对时间的规划方法将发生根本性的改变。

关键不在于劳动时间的长短，而在于成果的大小。

· 总结 ·

最重要的是成果的大小，与劳动时间没有关系。
自己来管控时间。

习惯8．分清“重视效率”还是“重视思考”

工作能力强的人，往往擅长平衡“应该追求的效率”与“从零开始”。也就是说，他们知道什么工作应该重视效率，什么工作应该花时间去探求本质。

而工作能力不强的人，则经常本末倒置。在别人看来，往往不理解“为什么他要在这样的工作上浪费那么多时间”。

所谓“应该追求的效率”，指的是那些花费时间也毫无意义，越快做完越能够提高生产效率的工作。

比如组装产品，在保证安全性和品质的前提下，速度越快生产效率越高。

汽车制造业就是一个很好的例子。在工作现场，所有人考虑的都是如何在更短的时间内生产更多的汽车。甚至可以说，全世界的制造业都在考虑如何减少哪怕1秒钟的生产时间来提高自己的竞争力。

在办公室之中，也同样存在着“应该追求的效率”。

比如发邮件时需要填写的地址，还有邮件末尾的“签名档”，大概没有人每次都完整地写一遍吧？

我们都习惯设置常用的签名档，或者只用一张写有对方名字和留言的卡片来代替邮件。这可以节约几分钟的时间。

办公桌上的文具和资料的摆放，也与提高工作效率有很大的关系。经常使用的文具和当前项目的资料，必须放在随手就可以拿到的地方。

就像制造业工厂的流水线一样，我们也应该对办公桌进行整理和整顿，使取出资料、拿出文具这样的动作变成自动化作业。使自己在办公桌周围的状态如同流水线一样高效。

电话被埋在资料下面，重要的发票找不到了，如果每次都要找上半天，那么将浪费大量的时间，至少在这个问题上存在“应该追求的效率”。

为了尽可能地减少问题，改善一下办公桌上物品的摆放位置或许是比较好的选择。

应该花时间的时候不要吝啬

我们通过追求效率所节省下来的时间应该怎么使用呢？答案是用在“从零开始”的思考上，这将大幅提高我们的工作质量。

想象一下与上司交流时候的情景。

如果只是单纯地汇报情况，那应该总结出要点，尽可能简短地说完，这对你们双方都有好处。（详细内容将在下一章中为大家介绍。）

但是，与上司共同商讨问题的时候又如何呢？

为了让头脑能够自由地思考，并且相互碰撞产生出新的灵感，时间应该是越长越好。

即便整个过程看起来好像在东一句西一句地闲聊也无所谓，最终“是否想到了好的创意”才是最重要的。

“应该追求的效率”和“从零开始”的思考，乍看上去好像是矛盾的两个要素，但若能完美地平衡两者，就可以实现“品质”与“效率”的双重提高。

现在的时间应该如何利用？

应该更有效地完成手头的工作，还是应该仔细地进行思考？

总是保持这样的意识，就能够更好地管控自己的时间。

· 总结 ·

经常思考自己现在所做的工作，是应该“重视效率”还是“重视思考”。

习惯9．建立“紧急度”和“重要度”的模型

工作能力差的人，都有一个共同的缺点。

那就是他们不会区分工作的优先顺序。

绝大多数人都有许多必须处理的工作。

一项工作刚开始不久，下一项工作又接踵而来，在别人的催促下开始新的工作，心里却又惦记着没做完的上一项工作。

那个也要做，这个也要做！结果不知道哪项工作是最重要的……在这种情况下，由于来来回回地处理不同的工作，导致效率大幅下降。结果，应该完成的工作一件也没有完成。

越是忙的时候，越是分不清哪样工作应该优先完成，但要是掌握了区分的方法，就能够完美地安排工作顺序。

接下来为大家介绍的思考方法，被称为“紧急度与重要度模型”。

如果只剩下一年的寿命

当你要做的事情太多，不知道应该从何做起的时候，就像右图一样建立一个以“重要度”为纵轴，“紧急度”为横轴的模型，然后将你要做的工作填入其中。

比如今天有很多事情必须做完，那就将这些事情填入这个模型里面。然后从左上“重要且紧急”的事情开始处理。

但是在使用这个模型的时候，与重要度相比，我们更倾向于先完成紧急度高的工作。

特别是在以一天或者一周为单位的时间很短的模型中，那些关系到未来职业规划，或者在未来两三年中可能发挥重要作用的内容，更容易被延后。

在这种时候你可以问自己“如果只剩下一年的寿命该怎么办?”。

当你这样想的时候，那些“重要度”较高的事情，“紧急度”也会随之提高。

越是忙的时候，越是不应该错过那些对自己的人生真正重要的事情。所以我们应该定期这样问自己，然后对模型中的内容进行调整。

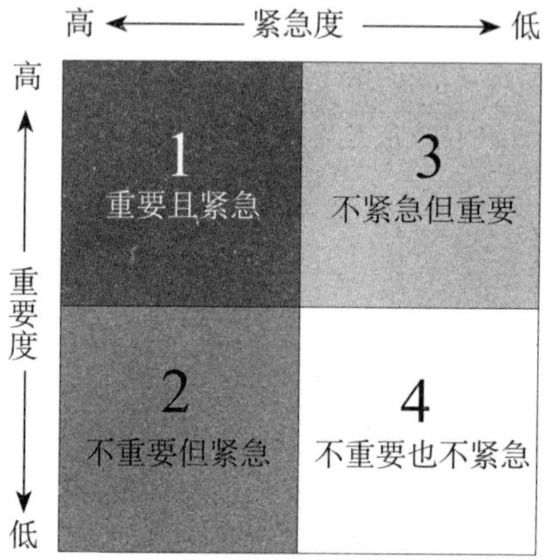

紧急度与重要度的模型

· 总结 ·

权衡今天要做的事和对自己重要的事，排出先后顺序。

第2章

将要点分为“三部分”

“精英部下”的习惯

“总是表现出积极的态度，是精英部下的特征，上司最喜欢这样的部下。就算能力稍差一些，只要有积极向上的进取心，自然能够得到上司的好评。”

——小山俊哉（经营学家/麦肯锡出身）

争取“上司的时间”

阅读这本书的人，应该都是年轻有为，发展前景广阔的商业精英吧？那么，你们中的绝大多数应该都在企业或组织之中工作。

组织之中一定有很多人，工作经验丰富的人，或者具有组织才能的人，往往担任“上司”的职位。

你一定也有上司吧。

那么，你喜欢你的上司吗?

你和上司之间建立起良好的关系了吗?

能够自信地回答“是”的人，一定工作能力很强，而且人际关系也非常融洽。相反，回答“不是”的人，工作一定不太顺利，在职场上的状况也不太好，经常加班，面临各种各样的问题。

上司会对部下做出工作的指示，部下需要确认上司的意向，一边与上司商量一边完成工作。在这一过程中，与上司的良好沟通是必不可少的。如果这一点做不好，那么就会产生许许多多的问题。

要想与上司之间的沟通更加顺畅，最好的办法就是“多争取上司的时间”。

如果你能够争取到上司的时间，那么不管是中途确认上司的意向，商量担心的事情，还是解决问题，都会非常顺利。或许还会得到许多有帮助的建议。

许多工作都需要得到上司的许可才能够有所进展。工作能力强的人，总是能够及时地得到上司的首肯。所以，他们的工作效率也很高。

如果总是无法得到上司的认可，不但工作无法取得进展，甚至还会遭到差评。

改善的方法在于沟通的技巧。为了使双方都能够高效、舒适地进行工作，本章将为大家介绍“精英部下”所应该掌握的工作习惯。

习惯10. 保持“PMA”

如果你是只有几年工作经验的年轻人，那么与上司的交流基本就是“认真服从”。这样你工作的品质和效率都会得到提高。

对上司保持尊敬，并且绝对服从，做一个听话的好员工。

不管上司说什么，只要保持回答“是”就好。

“但是……”

“哎？”

“可是……”

“有困难！”

“做不到。”

从现在开始，把这些回答都从你的字典里删掉。

老老实实地回答“是”，然后按照上司的指示进行工作，把一切精力都集中在工作上，努力取得超出上司期待的成果。

“真诚、正直、明朗的人”是无敌的！

或许有人认为，这岂不是和奴隶一样吗？那说明他不理解“积极的态度，本身就有价值”这句话。

麦肯锡经常教育新人要保持“PMA（Positive Mental Attitude）”。

所谓PMA，指的就是时刻“保持积极向上的工作态度”。只为成功找方法，不为失败找理由，将全部精力都集中在完成工作上。时刻保持PMA的状态来进行工作是非常重要的。

在麦肯锡，对自己的工作全力以赴并且取得成果的人，必然会得到大家的好评。这样的人就好像完全融入到自己的工作之中，你甚至会被他这种不被任何因素影响的集中力折服。

新人和年轻的员工没有任何业绩，就算有再强的工作热情，但如果没有发挥的机会，那也无法取得任何成果。

为了取得成果，积攒实力，厚积薄发当然是必要的，但向上司毛遂自荐更加重要。

坦诚、努力的人，容易获得上司和前辈的好感。如果再加上真诚和明朗的性格以及虚心接受指导的态度，肯定会获得更多的机会。

“真诚、正直、明朗的人”是无敌的！

要小聪明或者歪门邪道，不会取得真正的成功。而只要做一个听话的部下和后辈，自然会得到别人的帮助，并且获得成功的机会。

如果上司在Facebook上加你好友该怎么办

让我们考虑一下这样的情况。

上司在Facebook上申请了你的好友。

虽然不想添加他为好友，但无视的话显得不太好。

为了避免出现这种情况，你应该一开始就将Facebook的公开范围设定为“仅朋友可见”，为防万一还可以在个人说明中明确地写上“朋友（私人）专用”。如果这样还是被上司发现了，那就坦诚地道歉“非常对不起，这是我和朋友联系专用的账号，不能添加您为好友，对不起”。

总之，绝对不能对上司的好友请求置之不理。

不管是与上司交流，还是请求或者拒绝的时候，都要时刻牢记“真诚、正直、明朗”的态度。“钩心斗角、嘴不饶人、意志消沉”的话，是抓不住机会的。

·总结·

与上司交流时，保持回答“是”。

真诚、正直、明朗的人是无敌的！

习惯11．摸清上司的类型

有时候你难免会被安排在一个和你性格不合的上司手下。不过，如果可能的话，你应该做一个不管什么样的上司都喜欢的部下，这样你与上司的交流会更加融洽，而且工作也会更加顺利。用积极的态度来取得成果，每天的工作都十分愉悦。

深受上司喜爱的部下都有一个共同点，那就是具有摸清上司类型的能力。

工作能力差的人，不管跟随怎样的上司都是“以我为主”。结果，他和上司之间的配合就会很不搭调，工作难以取得进展。

虽然像大热的电视剧《半泽直树》那样坚持“以我为主”看起来很酷，但在现实的工作中却并非如此。

在现实工作中，我们应该从中立的视角观察上司属于什么类型，然后做出相应的配合。这样的话你的工作肯定会变得非常顺利。

接下来为大家介绍几个比较有代表性的类型，以及配合的方法。看看你的上司属于什么类型吧！

1．情感型还是理智型？

【情感型】直率、感情丰富、有气势、重视共鸣、容易感动，不只追求结果同样重视过程，用自己的感性来描述自己的经验和方法。

对于这种类型的上司应该采取如下的配合方法。

谈话准备：在开始正式对话之前，用“今天天气不错”“您的孩子身体怎么样”“今天我也会努力的”之类的寒暄来拉近与对方的关系。

谈话节奏：把节奏交给对方，配合对方的节奏来进行交流。

谈话内容：可以坦白地说出自己的请求或者让对方决定。对于自己不懂的内容可以直接说“不清楚”，然后请对方解释。时间允许的情况下也可以闲聊一些工作之外的内容。

感情表现：采用“非常感谢”“很高兴”“没问题”等具有共鸣的感情词语，配合适当的身体语言来让对方感受到你的感情。

【理智型】自制、重视理论、准备周全、沉着冷静、讨厌借口和浪费时间，对逻辑讨论有反应。

对于这种类型的上司应该采取如下的配合方法。

谈话准备：不需要。无关的话题都是浪费时间。首先说出事情的内容和结论，例如“关于××的事，刚才遭到了客户的投诉”，开门见山地直入主题。

谈话节奏：除非得到特殊的指示，否则必须由自己决定节奏。

谈话内容：全部由自己展开内容。尽可能详细地按照顺序进行描述。“应该怎么办”“请告诉我”之类的求助不会得到回应。应该询问“这样做可以吗”“有没有什么遗漏的地方”，寻求对方的评价和指示。不要闲聊。

感情表现：不需要。过多表现出个人的感情，容易导致上司对你的评价下降。

虽然在麦肯锡中几乎都是理智型的上司，但客户企业，尤其是日本的企业中有不少情感型的上司。还有很多创业经营者也都是属于情感型的。

2．单独型还是复合型？

【单独型】这种类型的上司，基本上会集中于一件工作。当一件工作结束后才会开始接下来的工作。他们会准确地逐一完成工作。不擅长同时处理多个工作。

对于这种类型的上司应该采取如下的配合方法。

集中在一件工作上进行商讨和汇报。特别是面对无法控制的事态时，如果同时提出多个问题，很容易引起上司的愤怒，甚至使其陷入混乱。因为这种类型的上司并不在意花费时间，所以你可以诚恳地找他商量问题。

【复合型】这种类型的上司擅长同时处理多项工作，就算遇到新的工作也不会产生压力。但他们由于同时开展的工作太多，所以很容易遗忘，出现问题处理一半就不了了之的情况。

对于这种类型的上司应该采取如下的配合方法。

可以一下子提出多个问题。就算你频繁地找他商量也不会嫌你烦。他们时常会提出很好的创意，非常适合作为咨询和激发灵感的对象。

乍看上去复合型的上司似乎比单独型的上司要优秀得多，但根据我的经验，不管哪一种类型，在工作上都有各自的长处，而且对最终取得成果几乎没什么影响。可以说唯一的区别只在于类型不同罢了。

关键在于找出自己与上司的类型，一边发挥自己的长处，同时配合上司的类型进行工作。

“我和那个人在工作上不合适”所产生的摩擦，就是由于类型不同所引起的。

对情感型的上司一味强调理由，只会使对方觉得你是一个“不近人情的家伙”。

而对理智型的上司一味强调自己的“干劲”，也无法得到对方的好评。

如果上司属于单独型，在他埋头于一件工作的时候你去询问其他的问题，得到的只能是敷衍了事的回复。如果你真的按照这个回复展开工作，那么事后肯定还会遭到上司的训斥“谁让你这么干的”。

尽管部下心里想“我都是按你说的去做”，但最终还是要按照上司的指示，把工作重新来过。这只会浪费时间，使工作一拖再拖。

摸清类型，在任何人际关系中都是有效的。首先你应该搞清楚自己是什么类型，然后在与不同类型的对象接触时，尽可能地配合对方采取行动，这样双方的沟通一定会变得非常顺畅。

·总结·

上司也是人，有自己的性格和类型。
只要配合对方的类型来采取行动就可以建立起良好的关系！

习惯12．用“只占用您1分钟时间可以吗”作为开头

上司与部下之间，最容易产生摩擦的就是“报、联、商”。也就是报告、联络、商谈。甚至可以说这三种情景的沟通方式，决定了今后工作的顺畅程度。

在组织中进行工作时，“报、联、商”是必不可少的，但如果不在“报、联、商”上下工夫，那么很有可能会浪费大家的时间。

首先让我们来思考一下正确的方式。

比如说你的上司负责多个项目，每天都很忙。他经常不在办公桌前，回来时要么在打电话，要么在处理文件，然后就开始用电脑进行工作。

而你现在的工作必须占用上司的时间，请他明确地做出判断，否则便无法取得进展。你的上司想必也不愿看到这个结果。

所以你趁着上司回来的时候立刻走上前去，说出这样一句话。

“部长！明天下午两点有时间吗？”

趁现在提前约好明天下午2点的时间。只要有30分钟就足够把“报、联、商”全部消化完毕。你心里是这么打算的。

但上司的回答却完全出乎你的意料，甚至感觉冷冰冰的。

“没时间，下次吧！”

被上司拒绝的三个原因

为什么你的上司会表现出如此冷漠的态度？

首先，最关键的失误之处在于，你身为部下却安排了上司的时间。好一点的情况是被上司批评“我的时间一分一秒都很宝贵，你是不是搞错了啊”，如果换成“情感单独型”的上司可能瞬间就发火了。

“你凭什么给我安排时间啊？”

第二个问题在于，你没有明确占用的时间长短。究竟要占用5分钟还是30分钟？你的上司完全无法判断。

第三个问题在于，你没有说出问题是什么。

你突然询问“明天有没有时间”，上司会想“难道说他要辞职吗？”“是不是遇到了什么难事”，精神也会随之紧张起来。

这时上司为了表现得平静一些，也会采取冷漠的态度。

那么，怎么问才好呢？

这种情况下标准的答案是：

“部长，关于××的事，我可以占用您1分钟的时间吗？”

问题是什么，需要多少时间，全都表达得清清楚楚。

因为这项工作本身就是上司布置给你的，所以由他来决定是否应该在百忙之中拿出时间来接受你的商谈。

如果他有更重要的事情要做，那么他会提出“不好意思，我10分钟后叫你”或者“晚上行么？”“给我发邮件”等替代方案。

“只占用1分钟”的说法，可以给上司一种“很快结束”的安心感。

虽然尽可能简短、清楚地进行“报、联、商”是部下的责任，但上司一旦接受了你的商谈，肯定会让你把话说完。所以实际上不用真的在1分钟之内结束。

也就是说，一旦开始进行对话，那么持续几分钟都没关系。“1分钟”这个说法，只是为了让上司不管多么繁忙都无法拒绝你的请求而采用的说辞而已。

当然有时候确实只要1分钟就说完了，但也有持续5分钟或10分钟的情况。在这个过程中，你可以得到很多有帮助的建议，工作的品质将得到大幅的提高，上司对你也会做出更高的评价。

只要改变一下说话的方式，上司和部下都能够顺畅地进行工作。如果不能顺利地争取到上司的时间，工作可能会被耽误一周甚至一个月之久。为了避免出现这种情况，请一定要掌握说话的方法，顺利地争取到与上司交流的时间。

·总结·

对上司说“关于××的事，我可以占用您1分钟的时间吗？”

更容易争取到交流的时间。

习惯13．用30秒时间提出3个要点

当你用“可以占用您1分钟的时间吗”成功地争取到上司的时间之后，接下来就必须简洁地完成“报、联、商”。

据说在美国的硅谷，有一位年轻的经营者在电梯前等待一位著名的投资人，趁着和他共同搭乘电梯的30秒时间介绍自己的事业，从而成功地获得了巨额的资金援助，这就是著名的“电梯游说”。

先不管这个成功的创业故事是否真实，但这个方法确实是出自麦肯锡的“电梯测试”。

所谓“电梯测试”，就是在搭乘电梯的30秒内，必须向顾客完美地说明现存的问题以及解决方案。

也就是说，在麦肯锡工作的员工，用“可以占用您1分钟的时间吗”得到与上司交谈的许可之后，要用30秒的时间说明重点，然后给上司30秒的时间做出判断。

或许有人认为30秒的时间太短。但习惯之后你会发现30秒的时间已经绰绰有余。请思考一下，30秒的时间足够播放两段的电视广告！

一段电视广告只有短短15秒，却足以使消费者产生购买的欲望，或者提出具体的解决办法和需要广而告之的事情，给人留下强烈的印象。当然我们没有电视广告那样准备充足的素材和背景音乐，但却多出一倍的时间。

为了在30秒内简洁地向对方说明情况，麦肯锡的优秀经营顾问经常使用被称为“3个要点”的技巧。从心理学上来说，2个给人的感觉太少，4个则太多，所以3个的数量刚刚好。

他们在平时思考的时候就养成了将要点分成3部分的习惯。所以，越是在短时间内，他们所传达的内容越清晰、简洁、接近本质。

反之，如果是持续30秒以上的交流，那么最想传达的内容可能变得不那么明确了。

那么，应该如何总结出3个要点呢？

如何总结出“3个”要点？

不管是说明还是“报、联、商”，首先都要将想要传达的内容分为以下3个要素。

1．现状的掌握情况。

2．对现状的解释以及理由。

3．结论以及解决方法。

最简单的例子就是第一章中提到过的“空、雨、伞”。假设你要劝一个准备出门的人带雨伞，那么过程应该是这样的。

例1．建议对方带雨伞

1．现状的掌握情况。

“××先生，请等一下！抬头看一看，满天都是乌云。”

2．对现状的解释以及理由。

“这说明一会儿很有可能突然下雨。可能会被淋湿。”

3．结论以及解决方法。

“请带上这把雨伞。”

在实际应用中，顺序应该变更为“结论→理由”。特别是在商业领域，一般情况下都应该首先告诉对方结论，然后再告诉理由。

“请带上这把雨伞。抬头看一看，满天都是乌云，这说明一会儿很有可能突然下雨。”

像这样先说出结论，然后补充理由。

【例2．与上司商谈客户投诉】

假设你接到客户负责人的投诉，必须立刻向上司报告。

1．现状的掌握情况。

“××公司的负责人××先生，认为我们工作的进展缓慢。”

2．对现状的解释以及理由。

“我们是按照当初的预定进行的，可能是什么地方发生了误会。但这样下去可能会影响到整体的进展。”

3．结论以及解决方法。

“我觉得应该和对方的负责人重新确认一下整个流程，我们先在公司内部开个会，然后定个时间去和对方见面吧？”

在实际应用中也和例1一样，将顺序变更为“结论→理由”。

“部长，可以在这几天公司内部开个会，定一下与××公司的负责人见面的时间吗？虽然我们是按照当初的预定进行的，但好像什么地方出现了误会，××公司的负责人××先生认为我们工作的进展速度过于缓慢。这样下去可能会影响到整体的进展。”

这种程度的信息，就算慢慢地说，也只需要30秒。当然30秒只是一个标准，并不意味着一定要限制在这么短的时间之内。关键在于将传达的信息集中在真正重要的内容上，并且将内容分为3

个要点，这样更容易使对方理解。

不如明天就找一个在电梯上碰到的人做一下练习吧！

· 总结 ·

用30秒的时间提出3个要点。

练习进行分解说明。

习惯14. 以“事实”为基础提出“假设”

在麦肯锡，有一个人人皆知的说话方法。

那就是明确所说内容的种类。也就是说，明确表示所说的内容，究竟是客观的“事实”，还是自己的“意见”。

假设有A与B两个人，同时对某餐饮连锁企业用同一种方法进行了调查，并且向上司做出汇报。

A：“平时空荡荡的，但周六的时候人就会变得很多。人均消费也是周六的时候比较高。他们家的咖啡很好喝。”

B：“平时各店的客流量平均为200人，周六时增加1.6倍达到320人，人均消费也增长到1.3倍。进行分析后发现，周六全家一起开车来的顾客更多，所以客流量大幅增加。”

哪一个是更优秀的调查报告，想必不用我说了吧。即便是花费了大量时间进行的调查，但A的调查成果几乎为零。

即便采集同样的数据，前往同样的现场，但关键在于对调查到的情况有怎样的认识，是否排除了自我视点站在公正的立场上做出汇报。这决定了调查和验证假设以及解决方案的品质。

首先说“事实”，然后说由此导出的“假设”

我们没必要完全排斥自己内心的感受。

但要理解这只是自我视点，更重要的是在此基础上补充客观的事实。如果不注意这一点，那么在汇报时很容易提出一些毫无价值的“意见”。

长此以往，你会被禁锢在自己的意见之中，结果不但会拖累自己，还会拖累你所属的组织。

不管调查还是报告，最重要的都是“事实”。

上司需要的不是“看起来空荡荡”“一下子顾客爆满”“咖啡很好喝”这些“意见”，而是基于数字的“事实”。否则上司也无法做出正确的判断。

在“事实”的基础上，补充自己的“意见”。

当你汇报“事实”之后，上司几乎都会询问“那么，你怎么看”。这时候再说出自己的“意见”就好。

而且，在这种时候提出以“事实”为基础的“假设”，更容易得到上司的信任。

比如前面提到的B。

“竞争对手，平时各店的客流量平均为200人，周六时增加1.6倍达到320人，人均消费也增长到1.3倍。进行分析后发现，周六全家一起开车来的顾客更多，所以客流量大幅增加。那么我们也可以在周六的时候增加面向家庭的活动，吸引更多全家一起来的顾客。”

后面的部分就是基于“事实”提出的“假设”。

或者也可以提出这样的“假设”。

“那么，我们可以在周六的时候推出面向单身群体的活动，吸引单身的年轻人前来就餐，避免与竞争对手的正面冲突。”

你的上司要“事实”还是“意见”？

在搞清楚这一点之后再进行汇报，可以使你与上司之间的交流更加顺畅。

·总结·

首先应该汇报“事实”。
在此基础上，如果上司询问“意见”的时候再提出自己的“假设”。

习惯15．观察上司的桌子

上司不止管理你一个人。他还有其他的部下，同时上司也有自己的上司，还要应对客户，所以他所进行的工作要比你复杂得多。

那么在这种情况下，应该如何让上司优先处理你的问题呢？

前面已经介绍过与上司的“说话方式”，但上司不在办公桌前的时候，你就需要利用便签或者邮件来进行“报、联、商”。

通常，上司不在办公桌前的时候，如果是比较复杂的业务联络可以使用邮件，也可以利用便签来进行留言。

但是，发送邮件可能无法立即得到上司的回复。如果上司迟迟不给你回复，那么你的工作就会陷入停滞。

这里为大家介绍一个“灵活运用便签的方法”。

对于上司来说，看到部下发来的邮件，很容易只看一眼标题，而内容则以后再说。但如果是贴在桌子上的便签，他们则会拿起来看一看。

不过，留下标签并不意味着万事大吉。如何让上司看到标签，认真阅读，并且最终对你做出回复才是最重要的。关键就在于上司的“桌子”。

便签技巧①　贴在哪儿？

贴标签时最重要的就是观察上司桌子的状态。如果你的上司不擅长整理桌子，东西扔得乱七八糟，那么标签只能贴在两个地方。

电脑显示器的边框和电话听筒的上面。只有这两个地方容易被上司注意到。

便签技巧②　用什么颜色的便签？

如果上司的桌面非常整齐，便签就可以随便贴了吗？答案是否定的。这种类型的上司为了时刻提醒自己工作进程，肯定已经在桌子上贴了很多便签。如果你也随便地贴个便签上去，或许会被埋没在原来的便签之中，不容易被上司发现。

这里有一个小技巧。那就是贴一张和上司使用的便签颜色不同的便签。别看这个方法很简单，但在全是蓝色的便签里，突然出现一张粉色的，肯定很引人注目吧？所以说这个方法虽然简单，却十分有效。

这个方法不只可以对上司使用，对部下、后辈或者同事都可以。事先准备好几种颜色的便签，到时候根据对方办公桌的状态选择合适的颜色。

如果别人注意不到你的便签，那么就不会对你的问题做出回应。所以，如何让标签引人注目是最重要的。

便签技巧③　写什么内容?

最后是写什么内容。这里就需要用到前文中提到过的“3个要点”。就像在电梯里用30秒的时间简洁地做出说明一样，在小小的便签中简洁地写明要点。

麦肯锡有一种带有“From（发信人）/To（收信人）”的联络便签。可以在这种便签上写下3个要点，贴在上司的办公桌上。

顺带一提，观察上司的桌子，不只在贴便签的时候有帮助。你可以根据他放在桌子上的书本来了解上司的喜好，如果上司的桌面非常杂乱，那么应该可以推测出他现在非常繁忙。所以当你要找上司交谈，或者贴便签之前，都应该仔细地观察上司的桌子。

· 总结 ·

观察上司的桌子，可以看出他的喜好和是否繁忙。
在找上司交谈或者贴便签之前，一定要先仔细地观察他的桌子。

习惯16．邮件主题应该写什么

说完了“便签”，接下来让我们说一说“邮件”。

忙碌的上司每天都会收到大量的邮件。那么，上司如何区分阅读邮件的先后顺序呢？

首先是“发信人的名字”。

如果是重要人物发来的邮件，那么不管是什么内容，上司都会打开看一遍。没有人会对社长发来的邮件置之不理吧？有的人还会将重要人物的邮件专门分类在一个文件夹下面。

但是，下级与上司和客户相比，优先顺序肯定很低。

也就是说，给上司发送邮件的时候，无法通过“发信人的名字”来提高自己的优先顺序。

那么，如何让自己发送的邮件被上司优先阅读呢？

答案只有一个。

那就是取一个好的“名称”。

即便是不会立即阅读的邮件，仍然有一个内容会首先被看到，那就是邮件的“名称”。

“吸引人的名称”和“不吸引人的名称”有哪些区别？

假设你现在要发送一封邮件给非常繁忙的上司。

如果这封邮件得不到上司的阅读和回复，那么你的工作就会停滞不前，浪费大量的时间。

但是你的名字在上司那里的阅读优先顺序很低。

为了强调这封邮件的重要性，需要在名称上下功夫。你认为下面这两个名称哪一个更容易引起注意呢？

A【商谈】A公司的进展情况……

B【重要！】A公司的进展情况……

答案是A。

只要前面加上“商谈”这两个字，那么就足够吸引人的目光，甚至让人想要阅读里面的内容。这个词会给上司留下“是不是发生了什么问题”“不能错过”的印象。

但是，这个词只能在真正非常重要，急切需要和上司商谈的时候才能使用。如果总用的话，上司就不会上当了。

那么，B的“重要！”为什么不行呢？

决定这封邮件是否重要的，是阅读它的人。况且，阅读这封邮件的人，比你工作经验更加丰富，而且在立场上更是你的上司。

如果你在邮件前面加上“重要”的字样，就好像是在对上司说“这封邮件很重要，所以快点看！”，肯定会让上司感到很不爽。

同样，“紧急”“请在今日内回复”之类的字眼也要避免。因为决定这封邮件在时间上重要性的人也是你的上司。如果是真的紧急和重要的事情，应该在口头上传达，而不是选择邮件。

如果你的邮件能够及时得到回复，那么你的工作效率也会得到提高。与半强迫式地让上司阅读你的邮件相比，采取诱导的方法效果更好。

只需要在名称上添加“【商谈】关于××的事……”就可以引起上司的注意。

麦肯锡的邮件标准

在麦肯锡有一条铁则，那就是邮件要尽可能地简洁。

为了使对方在最短的时间内了解邮件的要点，必须将邮件内容控制在一页之内。比如下面这样的内容。

名称：【商谈】关于××的事。

正文：现状有以下3点。

1. ××××

2. ××××××

3. ×××××

在此基础上，将向××方向发展，有什么问题吗？

另外，对邮件的回复也应该尽快完成。如果对于回复内容需要一些时间考虑的话，也应该马上回复一封邮件说明“我要考虑一下，明天给你回复”。

麦肯锡的前日本支社长大前研一先生曾经这样说过。

“在给别人安排工作之前，应该事先了解这个人的工作效率。要想知道他的反应时间，最好的办法就是给他发一封邮件。根据我的经验，回复邮件越快的人工作效率越高。”

邮件的回复速度，可以体现出这个人的工作效率。

·总结·

由上司判断是否“重要”。

在名称上写“商谈”可以引起上司的注意。

习惯17．工作过程中与上司进行确认

身为部下的你，在接到上司安排的工作时，必须在规定的时间内，保质保量地完成任务。

因此，你必须和上司确认以下三点。

1．这份工作的期限。

2．工作的意图和方向性。

3．要求的品质。

很多人都容易忘记确认“1”的期限。

他们以为只要上司记得工作期限就够了。但由于上司十分繁忙，所以他们会更多地把时间都用在说明工作内容上。如果你认为这是“没有时间限制，只要空闲时完成的工作”，那就大错特错了。

等过几天上司想起来，问你“那件事怎么样了”，结果你根本没有做，上司肯定会勃然大怒吧。因为他的小组没有取得成果，

肯定让他也感到十分苦恼。对于这种部下的评价，怎么可能好呢？

你的努力得到回报了吗？

在工作的过程中，应该与上司逐一确认工作的意图和方向性以及品质是否合格。

如果你在接受工作后，中途没有和上司做进一步的确认，就按照自己的想法埋头工作，两星期后参加会议。

当你做工作报告时，上司的脸色一下子就变了。

“我之前说的话你都没听到吗？完全不是这样的！”

这说明上司的指示与你所理解的内容出现了偏差，你付出的一番辛苦，结果却和上司的指示背道而驰。

为了避免出现这种情况，越是复杂且期限较长的工作，越应该在过程中与上司进行确认。这将对你的工作成果起决定性的作用。

在进行庞大的数据处理和非常复杂的调查之前，一定要和上司确认，最好还能得到上司的建议。

我在麦肯锡工作的时候，上司交给我一个“调查金融机构现状与动向”的工作。

我当场就确认了这项工作的目的性是什么，还有这项工作的期限。

然后，我第二天又和上司确认了这项工作应该从什么方向开始调查，并且建立了调查计划。

“这次，我准备从各金融机构的经营战略与收益之间的关系入手，调查金融机构成功的关键。对各银行的规模、收益结构、经营战略、财务状况进行分析，您看这样行吗？”

上司的回答是“可以”，于是我就这样展开了调查。

当你自己确定前进方针的时候，一定要和上司进行确认，得到肯定的答复后再开始工作。如果发现自己的方针有误，那么一定要尽早做出改正。

总之，越早与上司确认越好。如果可能的话，应该在接到工作任务的半天之内就进行确认。上午接到的任务，下午就马上确认。午后接到的任务，傍晚或者第二天一早进行确认。这可以保证你的上司也没有忘记这件事的详细内容，更容易做出判断。

与其他公司进行邮件交流时，记得要“CC”（抄送）上司。前文中介绍的争取上司时间的方法、便签和邮件的应用方法，目的都是为了及时与上司进行确认。越早得到上司的确认，你的工作成果才不会出现偏差。这样你才能没有失误，高效地完成工作。

·总结·

及时做出修正就不会浪费时间。

在工作过程中及时与上司沟通可以使工作更加轻松。

第3章

将“任务”可视化

“善于安排工作过程”的习惯

“最重要的是亲身体验。只在脑海里想，实际操作时很容易出现偏差。被现场的人认为‘这个人根本不懂啊’，就是纸上谈兵造成的。

另一方面，具有优秀直觉的人，会根据自己在现场学到的经验，经过逻辑的思考做出决定。”

——小暮真久（社会企业家/麦肯锡出身）

明星主厨也不能让顾客等待3小时

任何工作都无法挣脱时间的束缚。除非是非常著名的艺术家，否则都不能随心所欲地安排工作时间。

即便是著名料理店的主厨，也不能让顾客等待3小时。不能说“我对做的这道菜不满意，要重新做。请你再等一下”。

足球运动员也是一样。必须在上下半场共90分钟的时间内，发挥出自己最佳的表现。不能说“我终于来状态了，再加时10分钟吧”。

所有的工作都是为了别人而做的。工作的委托人肯定会提出一个时限。在规定的时间内做出最佳的表现，这才是专家的绝对条件。

期限、截止日、发表日……在确认了时间的限制后，接下来应该思考的，就是从现在开始到工作期限的最后一天为止应该做什么。

如何有效利用有限的时间？这就需要我们进行“安排”。

“安排”还有另外一个作用。

我们可能会同时进行多项工作。而这些工作又都有各自的进度。

在一天的时间内，应该如何处理不同类型的工作？面对这些错综复杂的工作，应该如何进行管理才能减少失误，提高效率？这些都是工作“安排”的重要作用。

工作安排得当，就能获得充足的时间。原本需要1小时的工作只要30分钟就能做完，原本需要1周的工作只要3天就能做完，这样节省出来的时间，既可以用来休息，也可以用来进一步提高工作的品质。而且你的工作自由度也会提高。

即便你身处一个组织之中，也可以通过良好的安排来使自己的工作得到大幅的改善。在麦肯锡有很多擅长工作安排的人。接下来，我将为大家介绍优秀的安排习惯。

习惯18．确认“委托人”的意图

安排工作的方法其实并不难。

回忆一下上学时的考前复习吧。

牺牲玩游戏的时间和真正想学的内容，只为了通过考试而进行针对性的复习。

那么，用最短的时间达到合格线就是最有效率的方法。应该选择哪家补习班、需要用到什么参考书、学习的方法，一切都是为了“最短时间”通过考试。

首先我们要知道“考试日期”，否则没法建立学习计划。

然后确认“考试科目”都有什么。

接下来我们可以从历年的考试真题入手，通过网络和补习班来收集情报，找出考试的“出题倾向”。因为英语考试的分数是语文考试分数的一倍，所以只复习语文显然没有效率。而且考试中几乎不会考汉字，所以一味地学习汉字也是没效率的，只是在浪费时间罢了。

考试不出的内容学了也没用

让我们把这种情况转换到工作中来。

“考试日期”就是“工作的截止日期”。

“考试科目”就是“工作目的”。

“出题倾向”就是“工作的背景和意图”。

关键在于，决定这些问题答案的，并不是你，而是交代你工作的上司或者客户。

所以，你必须和对方进行确认。

比如你的上司让你去调查客户企业的竞争对手的现状。

结果你没有确认这项工作的截止日期、意图、目的，以及背景，就贸然地前往现场胡乱地进行调查。

也许你的客户想要知道的是竞争对手的店铺设计和服务方式。

或者想要知道对方原料的来源、料理方法、独特的进货渠道、开店战略、人才培训，等等。

你在没有和上司进行确认的情况下，擅自选择了自己关注的问题，即便废寝忘食地进行调查，并且提出了自认为非常完美的报告。

结果你的上司只是一句话，你的工作全要从头再来。

“不，我想知道的是竞争对手的价格政策以及他们在定价时的考量和基准。”

那么你之前的时间就全都白白浪费了。截止日期、工作目的、背景和意图，这些问题都要在开始工作之前确认。

在搞清楚这些问题之后再安排工作时间，那么你的工作效率和品质都将得到大幅度的提高。

另外，在进行调查的过程中，也应该经常向上司确认工作的方向性是否出现了偏差，这样的工作安排才是最完美的。

·总结·

首先要确认委托人的意图和工作的背景。
其次思考如何安排才能有效地完成工作。

习惯19．在模型上安排任务

擅长安排工作的人，就是擅长安排工作先后顺序的人。

繁忙的人，手头往往有很多工作。这个要做，那个也不能忘记，在这种情况下，往往需要自己安排工作的先后顺序。

在这里我为大家介绍一个非常基础的工作安排的方法。

关键词就是“可视化”。

最简单的方法是用便签或者笔记，一个一个地将工作列举出来，制成一个“ToDo列表”。

但仅仅写出来还算不上可视化，为什么呢?

因为我们看不出哪些工作是紧急的，哪些工作是重要的。

在这里我们就需要利用前文中提到过的“紧急度与重要度的模型”。在一张纸上画出这个模型，然后将写有工作内容的便签，依次贴到相应的格子里。

这样一来，只要按照“重要且紧急”→“紧急但不重要”→“重要但不紧急”→“不重要也不紧急”的顺序来进行处理。

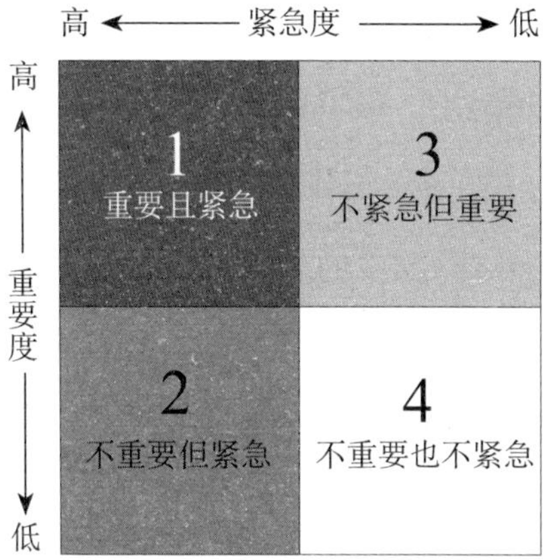

紧急度与重要度的模型

工作完成后就可以将便签撕下来，或者用笔把上面的内容划掉。

在每天工作结束时对模型上的内容进行确认。通过随时的确认，模型上的内容也会不断地增加或者减少。

让工作和生活都可视化

你还可以制作1周、1个月，甚至1年的模型，并且在上面添加工作内容，使中长期的工作都可视化。如果在其中加入与个人生活相关的内容，那么你的生活将全部可视化。

比如，论文的截止日期和发表日、参加社团活动的日期、孩子的生日、结婚纪念日、搬家日期、驾照年检的日期，等等。

虽然上述这些都是与工作无关的任务，但我们的人生并非只有工作。生活也是必不可少的。

工作任务与生活任务，虽然属于完全不同的两种任务，但任务的完成人都是你。既然都是要做的事，不如全都将其可视化更加方便吧。

越是复杂的内容，可视化的效果越明显。埋头于短期的任务时，很容易失去时间感，等回过神来的时候发现完全忘记为结婚纪念日做准备，想必每个人都不愿意发生这种“事故”吧。

· 总结 ·

将全部任务视觉化，做一个工作和生活“两不误”的人。

习惯20. 保持办公桌整洁

工作上取得优异成果的人都有一个共同点，那就是“不管工作多忙都保持桌面整洁”。虽然听起来很简单，但实际上这一点却非常重要。

在麦肯锡，优秀的前辈的桌面一定也非常干净整洁。在我的印象里，几乎没有桌面乱成一团却从来不进行整理的人。因此，如果他们的桌面很杂乱，说明他们现在一定非常繁忙。

我在麦肯锡工作的时候有一位前辈（历任多家著名企业的经营者），每次我经过他的办公桌，都会惊叹于那整洁的状态，他在办公桌前聚精会神地默默工作的样子也给人留下深刻的印象。

要想做出最佳的表现，一个整洁的环境是必不可少的。办公桌的状态可以说代表了这个人头脑里的状态。

麦肯锡从不教育新进员工整理办公桌。

但当他们开始工作，深入地思考，不断地建立假设并且进行验证时，就会发现如果自己周围的环境杂乱，那么思考也会变得杂乱。仅仅是视野中出现多余的东西，就会使精神无法集中。所以在麦肯锡，下班时将所有东西都收入抽屉里，桌面上只留下电脑，是最基本的行为准则。

另外，为了缩短时间提高工作效率，一个整洁的办公环境也是必不可少的。需要用到的资料、等待处理的数据，还有参考资料和书籍，如果不能够及时地找出来，必然会造成时间上的浪费。

不管从品质的角度上，还是效率的角度上来说，一个整洁的办公桌，更容易使人集中精神，取得更大的成果。

毫不犹豫地扔掉过去的成果

整理的基础，就是“断舍离”。总之，要进行一次彻底的大清洗。

虽然现在已经基本进入无纸化办公的时代，但仍然有许多工作依旧充斥着大量的纸质资料。

首先，我们要将已经结束的工作和项目资料，除了最终的报告书之外，全部处理掉。

从客户那里得到的资料，要全部返还。至于其他的资料则全部扔进碎纸机。在建立假设和进行验证的过程中所产生的资料，充满机密和数据，具有非常重要的意义。所以在对其进行处理的时候，必须保证没有泄露机密的风险。

在这种时候可能会产生出“好不容易完成的工作，这份资料还是留下吧”或者“这份资料或许之后还能派上用场”之类的想法。

根据我的经验，这些资料今后再次利用的可能性几乎为零。

现在收集到的数据，经过一两年之后就变得毫无价值。况且这种经验主义的想法本身就是错误的，会影响我们“从零开始”进行思考。

从更加宏观的角度来看，经过的时间越长，商场的环境以及世界的局势所发生的变化越大。所以我从来不会参考自己两三年之前思考过的内容。

不只纸质资料，保存在电脑中的数据也是一样。

最好每隔几个月进行一次彻底的整理，每周进行一次也是可以的。

可以养成在周五下班之前丢掉那些不需要的书籍和数据的习惯。这样你在周一上班时就可以以清爽的心情来开始工作。

·总结·

办公桌的状态，代表你头脑中的状态。

善于安排工作的人，办公桌都非常整洁。

习惯21．战略性地使用CC与BCC

不管多么善于安排工作，如果上司和前辈不配合，那么你的工作仍然无法取得进展。为了避免出现这种情况，我们需要掌握一些技巧。

那就是战略性地使用邮件的CC与BCC功能。

首先我们要了解，一般的邮件收件人分为3种。

【To】邮件的主要收件人。

【CC】虽然不是主要收件人，但也希望其能够了解这封邮件内容的人，也能够看到To的收件人。

【BCC】功能与CC相同，但只能看到发件人和BCC的收件人。

这3种方式都有各自的用途和使用方法。因为邮件在工作中的应用非常频繁，所以如果善于运用这三种方式，那么你肯定会成为一个“有能力的人”而得到大家的信赖。

使用CC的时候，就相当于对To的收件人说“这个人也知道这封邮件的内容”。

当你给客户发送邮件的时候CC了自己的上司，那么可以使客户产生出安心感和信赖感，因为“这件事他的上司也知道”。

但是，切记不要将邮件本来的收件人也加入CC之中。特别是在回复邮件的时候，更容易出现这种情况。

或许有人认为这种小事不必在意，但这种失误很容易让对方认为你是一个“不够仔细的人”。

让不善于安排工作的前辈配合你工作的邮件技巧

要想使工作能够顺利地展开，灵活运用CC与BCC是非常有效的手段。

你有没有遇到过这样的情况：“前辈夹在我和上司之间，但前辈的工作效率太差导致进展缓慢。回头我也会受牵连”。

当你给前辈发送邮件传达自己的不安和疑问时，如果将上司放在CC列表里，显得太不圆滑。感觉就好像是你在打小报告一样，容易影响彼此的心情。

但是，如果对这一情况置之不理可能会影响整个项目的进展情况，趁早将此事汇报给上司也是对客户负责的表现。这时，你可以瞒着前辈，在与上司沟通之后，将发送给前辈的邮件BCC给上司。

这样一来，上司可以参考你的报告，然后好像“自己注意到”一样，对前辈进行指导。

如果上司再当着前辈的面对你说“以后发送报告邮件都CC给我”，那就更完美了。

从此以后你就可以堂堂正正地将上司加入CC列表。

简单说就是三个步骤。

给前辈发送邮件时BCC给上司。

上司装作自己发现了问题，对前辈进行指导。

之后的邮件都CC给上司。

尽量不引起摩擦，又能够及时地解决问题，这种技巧一定要掌握。

·总结·

灵活运用CC与BCC，可以圆满地解决工作上的问题。

第4章

将自己的主张放在疑问里

抓住“顾客心理”的习惯

“Oisix的经营出发点就是让顾客感到满意。我每天不断地努力工作，为的是让社员也都具备这种意识。”

——高岛宏平（Oisix创业者/麦肯锡出身）

顾客不知道自己想要什么

绝大多数的工作都是为了某个人而进行的。也就是存在“委托人”。

对于麦肯锡来说，委托人就是客户。对于普通的企业，委托人既可能是交易方的负责人，也可能是普通的消费者。

考虑到现在的工作都是分工合作，那么上司或者其他部门的负责人，就是你工作的委托人。

如果你没有领会到委托人的真实意图，那么不管多么努力工作都无法取得成果。只有在了解对方真实的意图之后，你才能正确地回应委托人的期待，并且做出最佳的提案。

任何时候，对你的工作结果进行判断的人，都不是你，而是委托人，是客户。

如果客户说“不行”，那你必须重新做。这样一来就会浪费大量的时间。所以为了提高工作效率，必须准确地掌握客户的意图。

探寻客户的真实意图并不容易。

客户可能不善于说出自己的真实想法，不会表现自己的真实喜好，不懂应该如何进行说明。

甚至还有很多顾客不知道自己究竟想要的是什么。所以你必须找出他们的真实想法，通过工作来使其可视化。这确实非常困难。

正因为如此，当客户说出“这正是我想要的结果”时，那份喜悦感才更加珍贵。

为了找出对方的真实意图，有很多值得注意的习惯。邮件的书写方法、介绍自己的方法、商谈场所的选择，等等，接下来就让我们一起看一看用这些方法抓住顾客心理的秘诀吧。

习惯22．灵活运用面谈、邮件和电话

商业活动中与对方传递信息的方法大概有三种，面谈、邮件和电话。灵活运用这三种方法，可以提高工作的品质与效率。

首先，负面的问题千万不要用邮件和电话，一定要当面解决。紧急的事情也应该当面（根据具体情况也可以用电话）解决。邮件无法传达紧张感和迫切感。

当与别人进行联络的时候，年轻人过于依赖邮件，老员工则过于依赖电话。

不管是缺乏工作经验的年轻人，还是工作多年的老员工，很多人都不清楚“电话的正确用法”。

如今的联络手段已经以邮件为主，并且还有Line和Facebook等SNS软件的辅助。

在这种情况下特意选择占用双方时间的“电话”，对于现在的

商业环境来说是非常奢侈的。

会让对方以为“特意给我打电话，是不是发生了什么事”。

资历浅的年轻人，几乎所有的联络都用邮件。但是，邮件常常无法传达你的真实意图，而且也无法准确地揣摩对方的意图，这一点非常不好。

所以，当遇到比较重要的问题时，还是应该打电话，一边根据对方的声音进行判断，一边继续进行沟通。当然，如果能够当面进行交流，还是面谈最好。

在打电话时可以慢点说话，等待对方的反应，一边思考一边交流，这样才能准确地传达双方的真实意图。

火灾时给消防队打电话，还是发邮件？

另一方面，混迹职场多年的老员工，即便遇到不太紧急的事情，也会突然打电话。

大家应该都有这样的经历吧，正在集中精神进行思考的时候，突然电话响起，打乱了自己的节奏。

或许打电话的人立刻达成了自己的目的，但却给对方造成了极大的困扰。所以，在打电话之前应该思考“这件事真的有打电话的必要吗”。

不习惯打电话的职场新人，轻易就打电话的职场老手，其实这两种人应该折中一下才好吧。

只有在真正紧急的情况下才打电话。如果出现问题的时候，不可能慢悠悠地发邮件来告知对方。出现火灾的时候，没有人会给消防队发邮件吧？

另外，如果不知道应该打电话还是发邮件的时候，或者虽然不是很紧急但想通过电话联系的时候，可以首先给对方发送一封邮件“我有点事可以给你打个电话吗”进行询问。

如果在邮件里简单地说一下要说的事和想要了解的情况，以及打电话大概需要多少时间，那么不但可以让自己整理一下思路，也可以让对方有所准备。

比如可以发送以下内容的邮件来与对方进行确认——“关于××的事，我想占用5分钟的时间给您打个电话，您现在方便吗？”

这样一来，你们的对话会非常顺畅，不容易产生误会。如果你突然打电话，对方也被你搞得措手不及，没时间进行整理，可能难以传达自己的真实意图。要想引出对方的真实意图，应该灵活地组合运用邮件和电话。

· 总结 ·

对电话的使用要恰到好处。

组合使用邮件与电话发现对方的真实意图。

习惯23. 诱导对方自己找出“共同点”

工作效率低的人，不善于打探对方的底细。他们总是无法拉近自己与对方之间的距离，在相互了解上花费了太多的时间。所以，他们无法了解对方的真实意图，工作内容总是和对方的要求有偏差。这样不但难以使对方满意，他自己也不知道究竟问题出在哪里。

反之，工作效率高的人，则能够很快地拉近与对方之间的距离。

尽早了解对方的兴趣爱好，并将其应用在工作中，做出令对方满意的成果。

那么，应该怎样做，才能够最快地拉近与对方之间的距离呢？关键在于最开始的“自我介绍”。在商业活动中，初次见面的时候，大家都会交换名片并且进行简单的自我介绍。

拉近与对方距离的技巧，在于自我介绍时找出与对方的“共同点”。

寻找共同点的方法

说起“寻找共同点”，很多人的第一反应都是了解对方的简历，然后从中找出共同点，但实际上创造出一个让双方都能够互相寻找共同点的状况才是关键。

首先，你应该简单地介绍一下自己，给对方提供一个从中找出共同点的机会。共同点其实并不一定是什么特别的内容。年龄、出生地、母校、兴趣、喜欢的食物和电视节目、音乐和体育，等等都可以。

为了让对方能够更容易地找出与你之间的共同点，你应该从多个角度来介绍自己。不过，内容要尽可能地简短。关键还是要多听对方说。

人们在遇到“老乡”的时候会很自然地拉近距离。如果你很好地向对方介绍了自己，那么对方就会说“啊，我也是”。

不过，如果在交换名片的时候，忽然长篇大论地向对方介绍你自己的兴趣和经历，会给对方造成困扰，甚至对你产生反感。

比较推荐的做法是，将自我介绍、工作经历、兴趣等内容总结在一张纸上做成一个“个人简介”交给对方，还可以印在名片的背面。

个人简介的书写方法和递交方法

简介的写法非常自由。关键要将内容控制在一张纸以内便于对方阅读。A4纸大小和明信片大小都可以。考虑到对方可能是年纪较大的老人，字体应该稍微大一些才好。

个人简介的内容不必像求职简历那样死板。除了出身地和兴趣等共同点的提示之外，工作经历也可以简单地介绍一下，如果再加上座右铭和尊敬的伟人之类可以使对方了解到你人格魅力的内容就更好了。

初次见面互相打招呼的时候，可以将自己的简介递给对方说“我准备了对我个人的一些介绍，有时间的话请看一下”。

因为是初次见面，所以对方可能也会有些拘谨，不可能当场就把整个简介都看完，但应该会简单地扫一眼，这样就能够看到部分内容。

“哦，你也喜欢打高尔夫吗？我每个月都会去打一圈。”

“你是AB型吗？我也是AB型呢，这种血型的人很少见，我们交个朋友吧。”

“你也养狗啊。犬种是什么？我家有两只吉娃娃……”

像这样，对方主动说出了与你之间的共同点。那么下次见面时你可以针对性地准备一个高尔夫球、AB血型的性格分析书、吉娃娃穿的小衣服之类的物品作为礼品送给对方，一下子拉近双方的距离。

我认识一个经营顾问，他的名片是折叠式的，打开之后里面有他的座右铭、喜欢读的书、出身地、兴趣，还有他自己的照片。

这种名片的效果非常好。不但体积小巧不占地方，而且还可以让对方充分地了解自己。

·总结·

"共同点"可以消除双方之间的隔阂。

给对方提示，诱导对方自己找出"共同点"。

习惯24. 选择对方容易说出心里话的“场所”

麦肯锡的经营顾问在探寻客户的真实意图和需求时，最常用的方法就是“倾听”。所谓“倾听”，就是将自己的主张和意图放在一旁，专心倾听对方的讲述。

当对方在听完你的自我介绍开始说话时，你就要专心地“倾听”对方所说的话，找出对方的需求。在倾听的过程中下意识地思考“这个人的真实需求是什么”。

等对方把话都说完之后，自己再开口。

我们平时的交谈，都是你一言我一语的穿插式交流。所以要想专心地倾听其实是很难的。

那么你应该谨记这一点，“只有倾听才能够做出回答，不倾听的话无法提出自己的意见”。

倾听时的关键在于注视着对方的眼睛，并且不时地点头。

另外，适当重复对方的发言也很重要。

顾客："这个时钟，是十年前在伦敦买的。"

你："是吗，十年前在伦敦买到的！真是个好东西啊。"

这样会使对方感觉"这个人有认真地听我说话"，更愿意和你交流。

你在逛商场的时候是否遇到过根本不听你说话，只是一味地宣传自己商品的营业员？你会从这样的营业员手里买东西吗？

答案是否定的吧。因为这样的营业员根本就没有询问你的需求和喜好。

给人感觉"只是在一个劲地推销自己想要卖的商品"。

向一个喜欢吃酸味的人推荐甜味的点心，对方肯定不会喜欢。

优秀的营业员，会先倾听顾客的讲述并且从中找出与自己的共同点。一旦知道对方喜欢酸味，那么就投其所好地从自己公司的产品里选择酸味的产品推销给顾客。

如果自己公司的产品里没有酸味的，那就推荐其他公司的商品。就算没能立刻提高销售额，但会给顾客留下"这个人很为我着想"的印象，更容易使对方成为回头客。

像记者一样取材

倾听客户的话之前，准备一个采访表将事半功倍。

在采访表上写下你想询问对方和向对方确认的内容。

因为要想解决对方提出的问题，首先要从对方那里收集情报。

为了找到问题的核心，你应该根据目前提出的假设，事先准备好要向对方提出的问题。提出的问题质量越高，收集到的情报就越关键，交流也就越成功。

比如客户对你说："员工的工作热情不高，请想办法提高员工的工作积极性。"

这时你需要提出几个疑问来找出什么才是真正的问题所在。

工作热情不高的原因什么？

哪个工作小组出现了问题？

上司与部下的关系好吗？

工作的内容是什么？

从多个角度全面地进行分析。

这样一来你就会发现，"上司缺乏与部下交流的能力"，导致年轻人的工作热情不高。

也就是说，客户所说的“员工的工作热情不高”并不是真正的问题，“上司缺乏与部下交流的能力”才是真正的问题。

在麦肯锡，为了使交流更有效，经营顾问与客户见面之前一定会制作采访表。这可以提高工作的品质和效率。

优秀的经营顾问会像记者一样对目标进行深入的取材，找出对方真正的需求。

对方容易说出心里话的“场所”在哪?

要想引出对方的心里话，找一个容易使其说出心里话的“场所”非常关键。

一般情况下，可以选择对方的办公室或者家里，主要在于营造一个可以使对方放松，容易说出心里话的环境。

有人在办公室因为在意上司的目光而不敢轻易开口，有人在家里因为怕老婆而显得十分拘谨。对于这样的人，最好选择一个能够让他放松心情、畅所欲言的地方。

我就经常选择办公室之外的场所来和客户见面，目的在于营造一个使人感觉非常舒适的环境。宾馆的休息室和餐厅都是推荐的地方。

不过，要想了解对方的详细情况，最好还是去一次对方的公司或家里。公司的气氛、员工的状态，都可以为你了解对方的需求提供灵感。

有时客户也会来你的公司，所以应该在自己的公司里准备一个容易让对方说出心里话的舒适的空间。

· 总结 ·

准备一个“舒适”的场所。

仔细倾听对方的讲话。

习惯25．不要和对方站在相同的立场上

“日本有多少个邮筒？”

这是某家咨询公司在面试时最著名的提问。

当你在跳槽时接受面试，对方忽然提出这个问题，你应该怎么回答呢?

马上拿出手机，登录日本邮政的官方网页，然后回答“大概18万”，这样能通过面试吗?

面试负责人当然不是想知道邮箱的数量。如果他真想知道的话，自己去查一下就可以了。所以按照他提问的字面意思回答邮筒的数量是无法通过面试的。

面试负责人想知道的是，应聘者对于这个看上去很奇怪的问题究竟会做出怎样的反应，是否能够站在俯瞰视点上进行分析。

“站在俯瞰视点上倾听对方的话，并且建立假设进行回答”对于咨询公司来说是非常重要的技能。

视点分为以下三种。

1. 自己的视点。

2. 对方的视点。

3. 俯瞰的视点。

在带着自己的假设倾听客户的话时，适当地变换这三种视点来倾听效果更佳。

比如说下面这样的情况。

【对方：白色的杯子卖不动。怎么办才好呢？】

自己的视点“白色的杯子卖不动，粉色的杯子更可爱一些，会不会好点”。

对方的视点“应该做怎样的宣传才能提高白色杯子的销量”。

俯瞰的视点“是否应该在杯子的市场缩小之前，卖掉相关事业”。

你在用什么视点倾听对方的话？

正如前文所述，我们在无意识中都会用自己的视点来倾听别人的话。当然，自己视点提出的假设有时也是正确的，但切换视点来对假设进行验证，才能建立起更接近本质的假设。

在上面的例子中，就算“粉色或许比白色销量更好”的自己视点的假设是正确的，但对方很有可能已经生产了很多白色的杯子。

但是，如果从更长远的角度考虑，“应该卖掉相关事业”的俯瞰视点或许也是正确的。

如果你能够意识到自己在用什么视点倾听对方说话，那么就可以站在与对方不同的立场上，更加全面地审视问题，找出最佳的答案。

特别是在对方十分焦急和愤怒的情况下，如果和他站在相同的立场上是很危险的。

如果被积压了大量白色杯子的客户那种焦急的心情所影响，自己也跟着急躁起来，那么建立的假设就会越来越受限制。所以就算倾听对方的话，也不要被对方的情绪所影响。

这时如果你拥有“为什么他会如此焦急”这样的视点，或许能够意外地找到提高白色杯子销量的办法。

倾听对方讲话的时候，不要和对方站在相同的立场上，用另外的视点来进行思考，可以更好地解决对方的问题。

·总结·

不要和对方站在相同的立场上。
用其他的视点来思考解决办法。

习惯26．将自己的主张放在疑问里

仍然以刚才的“白色杯子”为例，这次让我们从另外的角度来进行思考。

比如客户方的负责人很热情地对你描述白色杯子的魅力。为什么要选择白色的杯子，如何表现这种白色，其中蕴含了对方企业怎样的想法。

但这个时候你的脑海中浮现出的是现在白色的杯子在整个市场中的竞争力很低，应该多推出不同颜色的款式，或者将眼光放在其他商品上才好。你不但已经建立了相应的假设，还拥有可靠的数据，所以假设的正确性很高。

那么，继续纠结于白色杯子的话题只是在浪费时间。于是你对客户方的负责人直截了当地这样说道。

“很遗憾，我认为贵公司的白色杯子没有市场需求。这些数据可以表明……”

听到你这样说，对方的表情肯定会显得非常尴尬。因为自己的工作被彻底否定了。

让对方来思考答案

麦肯锡的经营顾问面对这样的情况，会巧妙地让对方自己来思考解决问题的答案。就算要提出否定的意见，也不会突然正面提出。

这样做的理由很简单，为了不与对方产生摩擦。这和与上司之间的交流之道一样。

就算白白浪费一天的会议时间，也要小心翼翼地配合对方的节奏。如果不问方法地强行让对方了解到自己的失误，不但会破坏双方的感情，还会使双方的沟通出现障碍，反而浪费更多的时间，导致问题迟迟无法得到解决。

那么，应该怎么做才好呢？在这种情况下，麦肯锡的经营顾问会提出这样的问题。

“贵公司坚持生产白色的杯子很了不起，那么市场对白色杯子的反响如何？”

“顾客喜欢什么颜色的杯子？”

“现在销量最好的杯子是哪一款？”

“如果您是顾客的话，想要什么样的杯子？”

“您都在什么时候使用杯子？”

“您吃饭的时候经常喝什么？喝东西的时候使用什么容器？”

将自己的意见和假设，放在这样的疑问之中向对方提出。

在听完对方的讲述之后，向对方提出这些问题，让对方自己思考问题的答案。如果你的提问足够巧妙，对方自然会被你的意见所吸引。

这种方法还可以应用于其他许多方面。

保险推销员在给顾客推销商品的时候，汽车销售员询问顾客喜欢的汽车类型时，都可以使用这种方法。顾客一般情况下都不知道自己真正想要的是什么。如果你的提问足够巧妙，就可以帮助顾客整理自己的想法，从而自发地选择商品。

·总结·

善于运用“疑问”，让对方自己找出答案。

第5章

认可！共鸣！激励！

"精英上司"的习惯

"领导有三种责任：

第一，给部下自信，让部下拥有荣誉感。

第二，约束部下的行为规范，提高部下的道德水平。

第三，让部下成长为拥有使命感的人。"

——马文·鲍尔（麦肯锡创始人）

提高部下的工作效率才是一流的上司

第二章中为大家介绍了“与上司交流的方法”，那么在这一章中将为大家介绍“与部下和后辈交流的方法”。让我们一起来思考一下使你的部下与后辈成长的方法吧。

当你成为上司之后，不只要承担自己的工作，还要关心部下的工作，让自己领导的团体拿出成果。如何有效地管理部下成为你最大的课题之一。

也就是说，你身上所肩负的责任更重。不能只考虑提高自己的工作效率和质量。

你还必须提高部下的工作效率和质量。

这样做的最终目的是提高你的团队工作效率，至于结果如何完全由上司的能力决定。甚至可以说，你对部下的管理成果，就是你的工作成果。

你今后的工作成果会不会有飞跃性的提高，完全在于你部下的工作效率与质量是否有所提高。

或许有人认为自己并没有成为上司所以不用看这一章，但请稍微等一下。

由于现在的雇佣关系比较灵活，尤其在餐饮业和零售业，经常会雇佣一些临时工来帮助工作。当人事出现变动的时候，你作为唯一的正式员工可能会被突然派到现场进行管理工作。

如果你在临时担任管理岗位的时候取得了优异的成绩，那么很快就会得到提拔吧?

或许你自己都没想到会那么早就成为上司。

因此，就算你现在还不是上司，但总有一天会用得上这一章所说的内容，所以请一定要看完。

习惯27．称呼部下为“××先生/女士”

首先让我们来说一下“职位”。

我在麦肯锡工作时，那里的员工从上到下大致可以分为四种职位，分别是“合伙人”“经理”“助理”“分析师”。

合伙人相当于负责人。他们的主要工作是管理日本分社，开拓客户以及维持客户关系。

经理负责对应具体的客户，管理项目，相当于中层管理人员。

刚刚大学毕业的新员工，首先会作为“分析师”在具体的项目组中进行最基础的调查和数据收集，偶尔也会为客户做讲解。当积累了一定的工作经验之后，取得成果的人会升级为助理，更进一步升级为经理。

这样看来，麦肯锡和日本绝大多数的公司组织架构没什么不同。但麦肯锡却拥有与日本企业完全不同的文化背景。

对于在麦肯锡工作的人来说，职位只是一个称呼罢了。不同的职位只意味着他们承担不同的工作，而与“地位高低”没有任何关系。

新入职的分析师对身为经营者的合伙人，也只称呼“先生/女士”。

麦肯锡不存在上下级关系

麦肯锡的上司绝对不会因为自己的职位高而狂妄自大、指手画脚，他们不会将自己的意志强加于人。可以说在麦肯锡是不存在“上下级关系”的。

担任上司的人，是因为他取得了相应的成果所以才站在上司的位置，自然会得到部下的尊重。为了尽可能地提高自己的项目组乃至整个麦肯锡日本分社所取得的成果，他们将激励和刺激部下发挥出最大潜能作为自己最优先的工作目标。

上司与部下之间评价的基准只有成果。

取得成果的人会被刮目相看，受人尊敬。

谁也不会提及成果之外的要素。

这就是麦肯锡的上下级关系。

在麦肯锡，员工即便因为安排部署和项目的不同而分为多个小组，却不存在派系之争。所有人都是为了成果而工作。

当然，有时候就算没有直接成果，但间接地提高他人工作成果的人也会得到重用，从结果上来说都是一样的。

在麦肯锡也不存在所谓的“拍马屁”。对于一个专心于工作的组织来说，职位只具有其本来的作用。

·总结·

职位只是一个称呼。

一切都是为了取得成果。

习惯28．认可！共鸣！激励！

对于上司来说，最重要的工作之一就是激发出部下的能力。

在麦肯锡，管理和监督自己的项目，为客户提高整体的成果，是上司的职责。

让在现场进行实际工作的部下充分地发挥出自己的能力，上司也能够取得更大的成果。

那么，麦肯锡的“优秀上司”们，都具有怎样的特征呢？

我认为他们具有三个共同点。

1．认可部下。

2．与部下产生共鸣。

3．激励部下。

一个团队，如果能够在欢快活跃的气氛下展开工作，一定能够取得巨大的成果。上司需要考虑的就是自己怎样做才能够使团队具有这样的氛围。

有能力的上司懂得认可别人

要想最大限度地激发出部下的潜力，最好的方法就是“认可”部下。虽然与“称赞”很相似，但实际上有很大的区别。

所谓“认可”，指的是承认这个人的存在本身，了解这个人的过人之处。而“称赞”则应该在部下达成自己的期待时进行，也就是有条件限制的。与有条件的“称赞”相比，人们更重视承认自身存在的“认可”。一旦得到别人的认可，很容易充满干劲，并且能够快速地成长。使部下成长的上司，就是“认可”部下的上司。

认可部下、与部下产生共鸣、激励部下，有一个非常简单的方法。

那就是绝对认可部下。

找出“这个部下的优点是什么”。任何部下，都有其与生俱来的特质。

给你的每一个部下列出至少10个优点。然后将这些优点传达给部下本人。

“××君总是很有精神，带动周围的气氛也跟着活跃起来。这就是你的才能。”

听到这句话的部下，知道自己得到了上司的认可和共鸣，心情自然很好，潜力也会被激发出来。并且对认可自己的上司充满信赖。

关键在于让部下知道，上司并不是因为他的成果对他进行“称赞”，而是“认可”他的存在本身。

容易激怒的上司，首先应该尽量对部下做出“认可”。

就算这位部下暂时没有取得任何成果，但是他肯定有那么一两个擅长的事情或者努力的地方。

回答很有活力、总是面带笑容、穿着品位不错……找出他的优点，认可他的优点。至于缺点则先放在一旁不要考虑。得到认可的部下，工作热情也会随之提高，有助于提高整体的工作成果。

一个只知道冲部下发脾气的上司，是无法取得任何成果的。

首先认可你的部下。

这是成为精英上司的第一步。

·总结·

精英上司要认可部下，与部下产生共鸣，激励部下。
认可部下才能激发部下的工作热情。

习惯29．让部下提出“假设”

前文中说过，精英上司会尽可能地认可部下。

但是……仅仅认可是不够的，部下有可能会在工作之中碰壁。所以适当地进行“训斥”也是必要的。而很多上司对于“训斥”都有些烦恼。

他们的烦恼大致可以分为两种。

一种是，有的人并不擅长训斥别人，就算真的有必要对部下做出提醒，他们也希望能够尽可能地避免。

另一种是，本来自己也知道应该控制情绪，可是一遇到问题就感到焦急，训斥部下时不由自主地变得非常激动。虽然他们事后也对自己的行为感到后悔，但发火之后才想起补救为时已晚。

实际上，“愤怒”和“训斥”是完全不同的行为。“愤怒”只是单纯地发泄自己的感情，“训斥”则是希望对方能够做出改善。

训斥时的3个铁则

针对上述两种情况的解决方法十分相似。我认为有以下3种解决方法。

1. 控制情绪。

之所以要控制情绪，是因为即便你大发雷霆，也对创造成果没有任何帮助。

当工作进展缓慢的时候，就算你对员工大声叫骂，也不会有任何改变。只会使员工更加畏缩，甚至对你产生恨意。部下的工作效率不但无法提高，品质还会有所下降。

2. 不要当着他人的面训斥部下。

尽量避免当着他人的面训斥部下。被训斥的人对他人的目光很敏感。因为毕竟那是自己受到评价的一瞬间。就算上司的语言很冷静，部下也会感到很难为情，甚至对上司产生怨念。

反之，如果你在单独的场合训斥部下，那么部下会认为你也在为他着想。所以在训斥部下的时候，一定要考虑周全。为了让工作能够取得成果，为了让部下得到成长，采取有效的训斥方法是非常重要的。

3. 让部下建立假设，思考具体的工作方法。

麦肯锡的上司在训斥部下的时候，不会感情用事。而是让部下自己去思考问题是什么，应该怎么做才好。他们关心的是今后应该做出怎样的改善，应该怎样做才能使部下得到成长。

“为什么做不好？”

“你认为改善点和能够进一步成长的地方在哪里？”

“如果你是上司，希望怎样对待像你这样的员工？”

“今后应该采取怎样的行动？应该如何推进？”

使用这样的问题促使部下自己进行思考，督促他们的行动。

就像经营顾问在解决客户问题的时候不能提出抽象的解决方案一样，上司在解决部下问题的时候也应该注意，必须将内容彻底地“具体化”。如果不能够提出具体的解决办法，那么说明这个上司本身的能力不足。

让部下自己整理问题点，建立假设，并且采取具体的行动。使用第一章中介绍过的“从零开始”“俯瞰视点”“假设思考”等方法，并且对部下的具体行动进行指导，这就是“上司”的职责所在。

· 总结 ·

在训斥部下时要考虑周全，更有助于部下发挥潜力。

让部下自己建立假设，采取具体的行动。

习惯30．与部下交流，消除困惑

你之所以被提拔为上司，一定是因为取得的成绩得到了公司的认可吧。如果你比同期的员工升迁更快，那你一定是个工作能力出众的人。

但是，这样优秀的人成为上司之后，经常会出现一个问题。

那就是“没有人可以商谈”。

越是拥有很强的责任感，工作能力出众、工作效率高的人，自尊心也越高。当部下遇到困难的时候，这样的人往往会自己动手亲自解决问题。这样的上司当然会得到众人的尊敬和羡慕。

但是，因为责任感和自尊心，当他们遇到问题和困难的时候，却不愿找别人商谈，而是独自承受。

这样很容易导致整个团队的工作进展缓慢。本来是一个“工作高质又高效的人”，但成为上司后却带出了一个“工作缓慢品质差”的团队。

这种情况一定要避免。

在麦肯锡，经常会整个团队一起讨论课题。项目经理负责整个项目的统筹安排，各个小组长分担项目任务。

这时，身为上司的项目经理会和部下进行各种各样的商谈。身为部下的成员，也会尽职尽责地贡献自己的聪明才智。

假设当你左右为难的时候，召集部下开会讨论。你应该采取怎样的方式与部下交流呢？哪一种方法能够提高工作效率和速度，使成果最大化呢？

A：不说出自己的困惑，全凭自己的直觉蛮干。

B：对部下说出自己的困惑，适当地提出问题，激发部下的聪明才智。

现实中，绝大多数的上司都选择A。

这种方法看似很有效率，但实际上是因为自尊心作祟，不敢吐露自己的心声。很多人都认为“身居高位者，必须战胜孤独”。

但是，我认为应该选择B。

上司坦诚的态度使团队更加团结

你可以对部下提出这样的问题。

“我是这样想的，坦白地说，只是我的直觉。我想听一听大家的看法，正面的和负面的都可以。”

关键在于要坦诚。你的坦白和诚实，可以提高部下们的团结意识。

部下会知道，上司也是人，面对问题有时候也会难以做出判断。因为商业活动中没有绝对的正确答案，所以会产生“迷惑”也是正常的。

当上司将自己的“迷惑”诚实地向部下们展现出来时，部下会对上司产生亲近感，同时也会激发部下的自主意识和责任感。最重要的是，可以使部下更加信赖上司。

适当地用这样的提问来征求部下的意见，还可以发现自己遗漏的关键点，以及新的灵感和创意。

为了使团队更加有活力，试着将自己的困惑告诉大家吧。适当的提问可以促进团队成员的思考，使整个团队变得更有活力。这样一来，你的团队的工作效率和品质都会得到提高。

·总结·

适当地与部下交流，提出问题。
用这种方法使团队变得更有活力。

习惯31．毫不犹豫地布置任务

除了“没有人可以商谈”之外，工作能力强的人还有另外一个问题。

那就是“没有人可以委任”。

身为上司的人，肯定有其身居此位的理由。

在麦肯锡，是因为这个人在过去的工作中取得了巨大的成果，现在也仍然保持着“顾客利益至上”的麦肯锡的“核心价值观”。

正因为其具有如此优秀的能力，所以公司才提拔他作为上司承担更大的责任，当然也会给予他相应的报酬。

日本的企业也是如此，基本上都由有能力和相应工作经验的人来担当上司。

但这样的人经常不愿意将工作委任给部下。

因为他们坚信“自己来做比较快”，不愿意将工作安排给部下，结果自己承受着超出想象的负担，导致工作效率越来越差。

虽然他们比部下更有能力，经验更丰富，可以更有效率和质量地完成工作。

但若沉溺于其中无法自拔，后果却是非常严重的。

委任工作可以提高部下的能力，加强彼此之间的信赖关系

麦肯锡的上司们都非常善于给部下安排工作。他们会明确各人的分工，并且清楚地说明工作目标和期限，激发出每一个员工的工作热情。

上司最重要的工作之一，就是给部下安排工作。

尽管自己处理效率更高，品质更好。但仍然应该把工作委任给部下。

而且不必事无巨细地对部下进行指导，应该根据部下的能力，安排他能够胜任的工作。

如果在安排工作的时候，能够提供一些意见和建议就更好了。这可以加强你们之间的信赖关系。

最初肯定需要花费大量的时间，因为对工作品质和部下进行

管理都需要时间。

但是，如果不经历这个过程，就不可能成为真正优秀的上司。

同时你的部下会失去成长的机会，你的团队也无法取得成果。从长远的角度考虑，为了完成工作反而需要花费更多的时间，甚至会降低别人对你的评价。

越是处于优秀团队之中的年轻人，越是隐藏着没有表现出来的才能与特性。他们对安排下来的工作，往往能够交出八九十分的成绩。这对于工作来说也已经足够了。

但是，只有在他们取得一百分以上的成绩，取得超出期待的成果时，你的团队才能够更上一层楼。为了实现这一目标，只有你一个人的努力是远远不够的，这需要你的团队得到成长。

激发出部下的潜力，这才是真正的精英上司。

· 总结 ·

成为上司之后就要彻底放弃“自己做比较快”的想法。

习惯32．会议分为4种

工作时有一件事是绝对无法避免的，那就是开会。有主持人，有参加者，有议题。

特别是身为上司的人，总是要主持各种各样的会议。如果会议计划能够得以顺利实施，那么工作的品质和效率都会得到飞跃性的提高。

所以，身为上司必须懂得“设计”会议。所谓设计，就是按照计划，在合适的时间，召开必要的会议。

接下来让我们将会议分为4种，分别按照目的和必要性来进行一下设计吧。

1. 报告。

2. 评审（工作进展情况、分析和探讨、人事考察，等等）。

3. 为了寻找灵感而召开的讨论会。

4. 提高团队的凝聚力。

当你要开会之前，请思考一下即将召开的会议属于上述4种的哪一种。

其中最没有用的是1。因为报告应该尽可能地简洁，用邮件就可以解决，应该把1的时间安排在2和3上。

为了提高团队凝聚力而开会

日本企业很少召开提高团队凝聚力的会议，但实际上这是非常有用的。

麦肯锡经常有公司内部的欢迎会、经理主办的家庭派对，还有包括客户在内的晚宴和酒会，等等。上司会借助这样的机会来进行团队建设，提高团队的凝聚力。

组建新的工作小组或者团队成员工作热情不高的时候，提高团队的凝聚力可以激发出团队成员的工作热情，使大家了解今后团队发展的方向性。

一旦发现团队成员的工作热情出现问题，团队凝聚力不高的时候，就应该想办法提高一下团队的凝聚力。项目组加入新同事的时候，也应该找个机会使其明确团队的共同目标，提高他的归属感。

提高员工的凝聚力基本上都是在公司内部进行，但有时候为了改变一下气氛，也可以选择风景好的地方，或者环境优雅的咖啡馆和餐厅之类。

会议是由“过程”和“内容”组成的。

过程指的就是会议内容之外的部分。地点、气氛、参加者的态度、进展方式，等等。

而内容指的是会议本身，也就是讨论的内容。

过程和内容是会议的两个重要组成部分，要想使会议顺利进行，这两点都不可忽视。

特别是对过程的管控尤为关键。如果在一个舒适的地点，参加者都带着积极的心态，气氛也很和谐，那么很有可能讨论出更好的结果。

所以，不管是会议的主持人还是参加者都应该重视过程。“FRISK”曾经有一个电视广告，针对“创意都在哪里产生”的提问，回答是“床上22%、公园17%、厕所32%、会议室0%”。虽然这是对普通会议枯燥乏味的一种讽刺，但也从另一个侧面说明，在一个容易激发灵感的气氛中进行会议是多么重要。

会议最好是圆桌型的，特别是对于前述的2、3、4会议尤为推荐。因为圆桌会议可以使所有的参加者处在平等的位置上，使所有参加者的意见都能够得到尊重。

第四种会议，还可以不放桌子，只用椅子围成一圈，更容易引起参加者心理上的共鸣。

·总结·

好的会议全靠主持人的设计。

不要浪费时间，注意引起参加者的共鸣。

习惯33．明确会议的“目的”与“目标状态”

你印象中的会议是什么样的?

只知道开始的时间，却不知道结束时间。

浪费了不少时间却没有什么结果。

在繁忙的时候被会议占用了宝贵的时间。

应该做决定的时候，实际上却什么都没定下来。

都是一些用邮件就能解决的报告事项。

肯定有很多人认为这样的会议根本没必要定期召开吧。

如果员工们的这种情绪爆发出来，那么一定会引发很大的问题。

不过一般来说，在这种不满情绪爆发出来之前，总会有人提出“会议就是这样的”或者“每周开会很正常”之类的言论来使大家的心情平静下来，结果会议还是照常进行。

不知不觉地，会议变成了一种形式，毫无价值的会议成为大家“工作”的一部分，每个人对会议的感觉都变得麻木了。

使会议有意义的3个要素

会议的主持人应该清楚自己主持的会议属于哪一种，并且在会议前和会议中，时刻明确会议的“目的”与“目标状态”。

为了使会议变得有意义，需要让会议的参加者都进行事前准备。主持人应该在会议开始前对参加者说明以下内容。

1. 会议目的。

2. 目标状态（会议想要实现的目标，想要实现的状态）。

3. 参加会议的原因。

任何会议都一样。

如果参加者中有很多老员工，那么只要说明目的和目标状态即可。但对新员工和一起共事时间不长的参加者，应该说明要求其参加会议的原因。

开会之前大致地说明期待的目标，可以提高参加者的积极性。

如果在会议开始之后还没有一个明确的会议目标，甚至需要向参加者询问目标状态，那么这样的会议就是失败的。

会议正式开始后，主持人要保证会议的目的性不要出现偏离。如果所有参加者都能够时刻明确会议的目的还好，但有时会出现参加者过于激动导致会议偏离本来目的的情况，以至于会议最终没有取得任何成果。

要想解决这个问题，方法也很简单，那就是在会议室的白板上明确地写下会议的目的和目标状态。措辞尽量简洁。

【例】

目的：关于××问题的解决

目标状态：××问题的解决办法，以及由谁在什么期限内完成。

有时候就连会议的主持人也会过于激动，所以应该时刻确认会议的话题是否偏离了目的，并且保证参加者的讨论也在正确的方向上。

一旦发现讨论偏离了目的，可以让大家看白板，然后询问“这次会议的目的是什么”。这样就可以将参加者的意识拉回到正确的“目的”上来。

对会议的贡献有许多种形式

会议的主持人在对参加者，特别是年轻的参加者进行评价时，不应只看他们对会议讨论的贡献度，而应该观察他们对会议的顺利进行和调动气氛是否有所贡献。

收拾垃圾、擦桌子、擦白板，这些细节都对会议有很大的帮助。一个干净的会场有助于大家更好地进行讨论。特别是有外人参加的时候，更不能让无谓的因素影响会议的进行。

事先准备好茶水，提前5到10分钟进入会议室检查用品，这些行为都间接地对会议的顺利进行做出了贡献。

如果一个参加者“思考自己能做什么，并且认真准备”，那么就算他没有对会议做出直接的贡献，我也会对其给予很高的评价。

因为这样的人总有一天会随着自身能力的不断提高，而最终做出巨大的贡献。能够为提升团队的整体表现做出贡献的人，理应得到肯定。

· 总结 ·

一个好的会议，离不开主持人与参加者双方的努力。

习惯34．会议中也可以“闲聊”

质量高、时间短才是好会议，这确实不假。但我认为只追求这一点也是不对的。

比如在会议一开始的时候，主持会议的上司拿出10分钟左右的时间询问“大家最近干得怎么样啊”，然后参加者各自汇报自己的近况，虽然看起来好像是在浪费时间，但实际上却鼓舞了团队的士气，对于会议的参加者们来说也放松了心情，更容易在会议中畅所欲言，使整个会议的质量都有所提高。

现在我的业务之一是为私营业主做培训。每次在正式开始之前我都会问他们“最近怎么样”。然后还会让他们相互之间进行对话。

这个步骤用术语来说叫作“check in”。

通过“check in”可以达到以下两种目的。

1．在会议开始时就引出“个人的情况”，可以提高讨论的集中度，从而更早得出有效的结论。

2．通过加深相互之间的了解，建立一个“安全的场所”，营造一个使大家更容易进行交流和讨论的气氛。

谈话的内容非常简单。“你现在比较重视什么”“最近自己在做什么”等。话题可以是工作上的也可以是生活上的。

可以说你现在心里的想法，也可以只是随便的闲聊。

“最近天气不那么热了，我开始慢跑。”

“有点感冒了……”

“狠狠地批评了孩子。最近他好像有些迷失了自己。”

至于倾听的一方，不必针对对方的讲话内容思考解决办法，也不用提出意见和建议。只需要点头做出回应即可。只是这样就可以使大家的心情变得更加轻松。在会议的一开头就让大家拥有一个“良好的心态”是非常关键的。

在“check in”之后，确认会议的“目的与目标状态”，然后就可以进入正题了。

也有不少人虽然不知道“check in”这个词，却能够自然而然地做到类似的事。

如果在进入正题之前的闲聊中得知“昨天我妻子出了交通事故住院”，那么这个人在接下来的会议中也提不出什么建设性的意见。不如会议改天再说吧。

除了check in之外还有与之相对的check out。

所谓check out，就是在会议结束前由参加者对本次会议的评价、课题、反省点等内容进行简单交流。这有助于提高大家参加下次会议的热情，并且加深彼此之间的关系。

主持人要认可参加者

在公司内部的会议中，身为上司的人一定要记住一点，那就是下意识地“认可”参加者。关于认可的重要性在前文中已经有过详细的讲解。更进一步的话，应该让参加者互相认可。

我认为，有时甚至可以单纯以相互认可为目的召开会议。让每一个参加者有三分钟左右的时间，接受其他参加者的称赞和感谢。

虽然从会议的角度来看，好像只是在浪费时间。但这样可以使你的团队变得非常团结。从长远来看，可以提高团队整体的表现和生产效率。

· 总结 ·

优质的闲聊可以提高会议的品质。

在会议中要互相“认可”。

第❻章

控制感情

提高“工作热情”的习惯

“每当看到那些拥有很好的创意，并且将注意力完全集中在工作上的人，我的心情就会变得非常舒畅。只要团队中有一个这样的人，那种一定要实现某种目标的气氛也会随之高涨起来。”

——南场智子（DeNA创始人/麦肯锡出身）

问题在于“被谁”“被什么”刺激

只要有“热情”，做任何工作都可以高质高效地完成。如果没有工作热情的话，工作则很难取得进展。

但别人很难对我们提高工作热情提出什么建议。因为每个人激发热情的方法都是不同的。

自律能力强的人，总是能够保持高昂的工作热情。

而普通人要想保持工作热情却没那么简单。好不容易有了工作的热情，但很快这股热情就冷却下去了。

被上司训斥、对评价不服气、客户提出令人烦恼的要求……在工作中有许多降低我们工作热情的因素。甚至还有因为家庭烦恼而无心工作的情况。

在这种情况下，要想正常工作，必须控制自己的感情，提高工作热情。

要想提高工作热情，需要从根本上解决问题。

提高工作热情并不是为了眼前的工作，或者你现在所属的团体，而是出于更加长远的考虑，为了你今后的人生。

在最后一章中，我将为大家介绍提高工作热情和保持工作热情的方法。

关键问题在于“被谁”“被什么”刺激。

好的刺激可以使我们成长，提高我们的工作热情，还可能提高我们的工作技能。

首先让我们从“被谁”这个问题开始。

习惯35．寻找“良师”

为什么这么多企业都来麦肯锡寻求帮助？因为这些企业都存在着某些“问题”。

而且他们认为借助专家们的力量更容易找出有效的解决办法。那么，让我们将同样的问题转换到个人身上。

首先以我为例。

我这个人存在着很多问题。就算我写了这本书，但有时我也会动摇，有时也会迷茫，有时也会感觉自己能力不足、努力不足，并且不断地反省、发奋。

你又是怎样呢？

当然，我不知道你存在着什么样的问题。但是，既然你将这本书看到了最后一章，那你肯定也有“想要解决的烦恼”。

怎样才能更有效地完成工作？

怎样才能提高工作的生产效率？

怎样才能提高工作的质量?

怎样才能对自己前进的方向坚信不疑?

有没有一个专家能够帮助你解决这些问题呢?

答案就是“良师”。一个能够为你提供帮助，进行指导的人。

要想提高工作热情需要“被谁”刺激吗?没错，需要被“良师”刺激。

你有良师吗?

我认为，如果你感觉自己存在问题，那么不要有任何迟疑，首先去找一个良师。

虽然这无法立即解决你的问题，但可以使你减少许多烦恼，而且从长远来看会提高你的工作品质。

不仅如此，你还会发现自己之前从未意识到的素质和能力，激发出更大的潜能，过去自己一个人苦苦研究数年也没能解决的问题，或许会一下子得到解决。

自问自答的能力，自己收集知识和情报并且进行整理的能力，对于提高工作的品质与效率是必不可少的。

在此基础上，如果你还能够通过他人的视角来发现问题，思考解决办法，那么接触到问题核心与本质的可能性必将大幅提高。

倾听自己说话的人。

能够俯瞰自己的人。

给自己提供灵感的人。

激发自己潜能的人。

给自己提供刺激的人。

提醒自己错误的人。

与自己一起思考假设和解决办法的人。

这些都是我所说的“良师”。你一定也要找一个自己的“良师”。如果你们能够长时间地相互之间保持这种关系，你们的人生都会变得更加丰富多彩。

那么，要怎样去寻找良师呢？我将在下一节中详细说明。

·总结·

自己思考，他人分析。

良师可以帮你解决烦恼。

习惯36．向专业高尔夫球选手学习高尔夫

我总是下意识地寻找良师，甚至可以立刻说出5个以上的名字。这些人的性别、居住地、国籍，以及与我相遇的方式各不相同。多亏了现在通信手段的发达，我可以和他们用邮件或者skype联络。

其中有认识十年以上的老朋友。也有认识不久便相谈甚欢的新朋友。有工作上认识的，也有通过兴趣爱好认识的。

通过工作关系认识的人，只在一开始是工作上的往来，之后就全是作为良师的交流。

其中有一些专业的培训师和心理咨询师。

我与他们之间的关系，除了最重要的朋友之外，还包括智囊团和参谋的要素。

关键在于，从哪些经常见面的人之中，找出真挚、有才华、可以成为你良师的人，然后通过具体的行动来验证你的直觉是否正确。

成为良师的三个条件

如果你现在正处于为了解决某个问题而思考假设的状态，那么将很容易找到良师。

只要找一个看上去值得信赖的人诉说内心的困扰即可。然后看其中有没有人符合以下三个条件。

1. 不人云亦云。

不人云亦云，拥有独特思考的人适合作为良师。首先排除说出“一般情况下”“普遍来说”这样话的人。

2. 直觉敏锐。

直觉敏锐、感性透明、纯粹不含杂质的人适合作为良师。这样的人不受他人因素和先入为主观念的影响，能够很快地看出你所拥有的问题。那些没等你说完详细内容就立刻做出准确回答的人，是作为良师的合适人选。

3. 专业性强的人。

为了解决工作上的问题或者激发灵感，有时候必须找相应领域的专家来进行咨询。

法律相关的事宜，只能找法律专家；健康方面的烦恼，只能找医生。

但很多人却向专家以外的人寻求帮助。找一个不会打高尔夫的人请教高尔夫球的技巧，那么永远也不可能得到提高。如果解决你的烦恼和问题需要专业的知识，那么一定要寻求相应领域的专家作为良师。

商谈的技巧

良师不止一人。针对不同的烦恼和问题，可以找不同的良师来进行商谈。

如果你在公司里工作，那么最好在公司内部寻找良师。不但离得近比较方便，而且也省去了交流企业文化的时间。

我在麦肯锡工作时，找了一位憧憬的前辈作为自己的良师。我经常趁着一起吃午饭的时间，和他商谈关于工作进展的方法和职业发展相关的事情。

另外，麦肯锡里有很多不同行业跳槽来的同事，比如市场营销的问题，可以找曾经在市场部工作过的××先生做良师，关于金融的问题，可以找在金融机构工作过的××先生做良师。根据工作领域的不同，找对相应领域比较了解的人做良师最好。

可能的话，最好不要找直属上司和前辈作为良师。曾经的上司和曾经的前辈，谦虚而且值得信赖的人是良师最佳人选。没必要给自己添加多余的障碍。

另外，即便部门和工作完全不同，只要是在该领域内受人尊敬的专家，也是公司内部良师的最佳人选。与其他部门值得信赖的专家建立起良师关系是相当好的选择。

如果你是刚入职的年轻员工，那么一定要记住自己拥有“被人照顾”的特权。

尊敬对方，与对方真诚地交流。对于前辈们来说你的这种行为本身就是一种礼物，是对他们的支持。

与良师进行商谈时，应该下意识地放松心情，真诚地寻求帮助。

你越坦诚越容易得到对方的帮助。如果得到了你想要的回答和有用的建议，那么之后你的工作热情一定会大幅提高。

如果一直找不到合适的良师，那么可以找专业的咨询师来进行商谈。虽然要花点钱，但至少会帮助你提高工作的品质。

关键在于，良师可以为你提供解决烦恼的灵感，帮助你打开提高工作热情的开关。所以，请一定要下意识地去寻找良师。

· 总结 ·

不人云亦云、直觉敏锐、专业性强的人，发现这样的良师，提高工作热情！

习惯37. 书不用读到最后

能够帮助你提高工作热情的，不只是“人”。

“书”也是很重要的。特别是年轻时，可以花大量的时间来阅读那些优秀的作品和文学名著。

书有两种阅读方法。

一个是仔细品味的阅读方法。

将优秀的作品反复阅读，认真思考，仔细品味。如果自己是书中的主人公会做出怎样的选择？从这个思想中能够学到什么？带着这样的问题进行阅读，可以加深你的思考。

还有一个是为了收集情报而大量快速地阅读。

正如前文中提到过的一样，我们这些经营顾问在进行调查的时候，或者为了建立假设的时候，都会进行海量的阅读。

我一般在超大型书店选购图书。每次去书店都要花上2~3个小时的时间，经常一次购买十几本书。

虽然图书也可以通过网络购买，但我还是喜欢去书店。

首先直奔自己需要的类目，把那些吸引自己的书都拿出来，翻阅目录和作者信息。如果在目录中找到感兴趣的内容，就翻到相应的页面看一看，决定是不是要把这本书买下来。

然后其他书架上的书也应该看一看。不同领域的书可能会给你提供一些新的想法和创意。

关键在于，要安排专门的时间，而不是在做其他事情的时候顺便去书店。

同时阅读许多本书，边阅读边画线

我在麦肯锡的时候，通过书籍学习了战略论、金融，以及市场营销等经营顾问必不可少的知识。我在读研究生的时候，学的是经营学和人文学。总之我阅读了大量的书籍。

这使我认识到深入掌握知识的重要性。对知识掌握得越深入，了解得越广泛，所能够建立的假设就越接近本质，想出的创意就越有趣。知识上的细微差距，将导致完全不同的结果。

经常有人问看书是不是应该看原文的，如果你经常用母语来进行思考的话，那么阅读翻译过来的书更容易理解内容的本质。

当然能看懂原文的话还是推荐看原文。但如果你虽然能够看懂原文，但仍然是母语的思考习惯，那么最好在阅读原文的同时也参考阅读翻译过来的版本。这样可以加深你的理解。

当决定要阅读的种类之后，最好同时阅读许多本书。不必拘泥于畅销书排行榜和亚马逊上的评论。在选择书籍的时候最重要的是自己的感觉。

最好一边在书上画线一边阅读。

在画线的页面上贴便签，便于以后再次翻阅查找。

画线的部分可以是作为参考的内容，也可以是能够激发灵感的内容。最好根据不同的目的使用不同颜色的笔。重复阅读的时候只阅读画线的内容，可以节省大量时间。

读到一半发现没有用的书，就毫不犹豫地扔到一旁。没必要彻底读完。好不容易花钱买的应该读完这种想法，完全是在浪费时间。

·总结·

书籍是提高工作热情的重要工具。

买大量的书，一边阅读一边画线，之后再重新阅读一遍。

习惯38．用5分钟时间自省

假如你在等电车、候诊，或者提前抵达约定的场所而对方还没来，有5分钟左右的空闲时间，你会做什么？

在这个时间里，隐藏着一个控制感情的技巧。

恐怕绝大多数的人都会在这5分钟的时间里用手机查阅邮件或者看新闻吧。如果这些行为可以提高工作效率的话，我也会这样做。

但如果没有什么紧急情况，最好不要浪费时间去看手机。

如果有5分钟的空闲时间，首先将手机放到一旁，然后闭上眼睛深呼吸。

接下来进行“自省”。

“我现在最关心的问题是什么？”

“最近最刺激我的话是什么？”

“为什么我最近心情浮躁？”

“为什么我那个时候会生气?”

或许有人认为只有5分钟的时间，根本想不出什么结果，或者就算想到了好的创意，也没时间继续展开进行更加深入的思考。

但实际上并非如此。

特别是你感到“心情浮躁”的时候，或许会发现打破僵局的机会。

让自己像葡萄酒一样熟成

向良师寻求帮助。

阅读优秀的书籍和名著，学习知识。

当你不断重复这些行动，脑海里就会逐渐出现“创意的雏形”。

不考虑具体内容，完全凭借兴趣随心所欲的思考被称为“发散性思考”。

而将学到的内容变为自省，与自己的工作和生活结合起来，会使你的脑海中出现意想不到的联系。就好像两个完全不同的领域被联系到了一起，可以为你提供崭新的假设和视角。这被称为“聚集性思考”。

5分钟左右的空闲时间，最适合用来进行聚集性思考的训练。

5分钟后或者3分钟后你等的人出现了，你的思考在没有得出任何结论的情况下被迫中断。乍看上去好像浪费了时间，但实际上却存在着只有通过这种方法才能够取得的“收获”。

3天后或者1周后，你可以试着进行同样的自省。

在思考的途中你会突然发现，你的视点一下子变高了，思考也变得更加深入。

这就是经过一段时间后继续进行自省才会出现的熟成现象。

葡萄酒需要经过一段时间的熟成才能变得更加美味。我们的思考也需要时间的沉淀才会变得更加深入。所以，请一定要有效地利用这5分钟。

·总结·

不断地自省，思考就会变得越来越成熟！

终　章

我在麦肯锡的时候，有一个美国合伙人，他经常早晨8点一边吃早餐一边开会。

对他来说，“早晨”是非常宝贵的，他经常说早起工作“进展非常顺利”。

当时的日本支社长也说过：“早晨精神最为集中，工作进展顺利。请珍惜早晨的时间”。

工作能力强的人，换句话说就是“自我管理能力强的人”。

早睡早起。

不酗酒。

慢跑、健身、保持健康。

为了应对工作，自己的身体和心理都必须处于最佳的状态。绝对不能因为前一天晚上酗酒而影响到第二天的工作。

我在麦肯锡的时候也会每周去游泳池锻炼身体。

“休息的时候好好休息”对于调整身体和心理状态也是非常重要的。

麦肯锡的优秀员工都非常善于利用自己的假期。一个项目结束后他们都会休假，出国旅行、登山、摄影。

大家都会充分地享受休息的时光，去做自己喜欢的事。

而当他们结束假期回来工作时，则会一下将状态切换到工作模式，发挥出超人般的集中力。

我在本书的最后想告诉大家的最重要的习惯，就是“调整身体与心理”。这也是第三十九个习惯。

只有身体和心理都调整到最佳状态，才能够做好工作。过度劳累导致心情焦躁的话，就无法有最佳的表现。如果人际关系出现问题，就不会有积极的想法。

每天同一时间就寝，同一时间起床。

好好休息，消除疲劳。

锻炼身体，保持健康。

时刻保持身体与心理都在最佳状态，才能够实现工作上的“品质×效率”。

现在你的身体是最佳状态吗?

现在你的心理是最佳状态吗?

如果答案是否定的，那么请深呼吸，让自己冷静下来。然后，用崭新的心情去迎接人生。这样的话，一切都会变得顺利起来。

衷心希望你的人生能够更加精彩。

期待与你再次的见面。

大岛祥誉